Regine Schineis
Corona und die Angst

Regine Schineis

Corona und die Angst

Wie die Pandemie der Panik uns krank macht

Bibliografische Information der Deutschen Nationalbibliothek:
Die Deutsche Nationalbibliothek verzeichnet diese Publikation in der
Deutschen Nationalbibliografie; detaillierte bibliografische Daten
sind im Internet über http://dnb.dnb.de abrufbar.

© 2022 Regine Schineis

Herstellung und Verlag: BoD – Books on Demand, Norderstedt

ISBN: 9783756860432

Vorwort

In den letzten beiden Jahren wurde viel über die Corona-Pandemie gesagt und geschrieben. Thematisiert wurde dabei einiges: Das Virus selbst, die Impfungen, die Auswirkungen auf Wirtschaft und Gesellschaft, und natürlich die Politik und ihre Rolle in der Pandemie. Ein wichtiges Thema aber wurde weitgehend ausgespart: Nämlich die Angst. Googelt man „Corona + Angst", erscheinen einige Schlagzeilen wie „Angst vor Ansteckung bewältigen", „Angst vor Corona", „Krank durch die Angst vor Corona", „Corona-Pandemie: Was hilft gegen die Angst?". Die Angst vor dem Virus war in der Anfangszeit der Pandemie für viele Menschen ein großes Problem, und ist es für manche noch heute. Fast gänzlich unthematisiert blieb in den letzten zweieinhalb Jahren aber eine andere Angst, die ebenso viele Menschen belastet: Nämlich die Angst vor immer neuen (und selten nachvollziehbaren) Maßnahmen, vor politischer Willkür, staatlicher Bevormundung, permanenter, gezielter Panikmache vor allem durch Politik und Medien und letztlich einer sich scheinbar ins Unendliche hinziehenden Pandemie, weil eine adäquate Exit-Strategie fehlt.

Angst ist ein zentrales, wenn nicht das zentralste Thema dieser Pandemie: Ohne (übertriebene) Angst wäre sie von Anfang an anders verlaufen, und ohne Angst gäbe es sie vermutlich heute nicht mehr. Von der Politik wurde die anfangs natürlicherweise vorhandene Angst der Bevölkerung vor dem unbekannten Virus geschickt ausgenutzt und vorsätzlich verstärkt, um strenge Maßnahmen durchzusetzen, später wurde sie durch verschiedenste Strategien immer wieder neu angefacht, um die Pandemie am Laufen zu halten. Anfangs konnte man damit durchaus Erfolge verbuchen: Wäre die Pandemie im Mai 2020 beendet gewesen, hätte Österreich mit seinen verhältnismäßig rigorosen Maßnahmen und seiner äußerst folgsamen Bevölkerung im internationalen Vergleich sehr gut abgeschnitten. Leider (oder zum Glück) taugt Angstmache aber nicht als langfristige Strategie: Zwei Jahre später ist nicht nur das Vertrauen der Bevölkerung in die Politik auf dem Nullpunkt (oder sogar darunter), auch psychische Erkrankungen haben in einem erschreckenden Ausmaß zugenommen – und dabei ist sicher nur die Spitze des Eisbergs sichtbar. Im Sommer 2022 kennt lange nicht jeder jemanden, der an Corona verstorben ist (wie einst prophezeit wurde), aber jeder kennt einige Menschen, deren Psyche massiv unter den Folgen der Pandemie leidet.

Obwohl inzwischen auch Politik und Medien an diesem Umstand nicht mehr vorbeisehen können, wird wenig dagegen getan – anstatt endlich zügig in die Phase der Deeskalation einzutreten (was in anderen Ländern schon vor Monaten geschehen ist), versucht man hierzulande so lange wie möglich, das Narrativ vom immer noch gefährlichen Virus aufrechtzuerhalten – koste es, was es wolle. Das macht nicht nur Angst, sondern auch wütend.

Warum ich dieses Buch schreiben musste

Als im März 2020 das SARS-CoV-2-Virus Österreich erreichte und sich die Ereignisse überschlugen, ging es mir wie vielen anderen Menschen: Ich war erst einmal zutiefst verunsichert und verspürte keinerlei Neigung, mit dem Virus in näheren Kontakt zu treten. Die Absage von Veranstaltungen, den Aufruf zur Kontaktreduktion und selbst den ersten Lockdown empfand ich vor allem als Erleichterung. Zu diesem Zeitpunkt hatte ich auch noch das Gefühl, die Regierung hätte alles ganz gut im Griff und würde Entscheidungen vorrangig zum Schutz der Bevölkerung fällen.

Dieses Vertrauen geriet bereits Ende März 2020 ins Wanken, als der damalige Bundeskanzler die geschichtsträchtigen Sätze von den „100.000 Toten" und „Jeder wird jemanden kennen ..." zum Besten gab. Wenn man – so wie ich – bereits Erfahrung mit Angststörungen und Panikattacken gesammelt hat, werden derartige, scheinbar alternativlose Voraussagen schnell zum Trigger und damit zum Anfang einer Angstspirale: Corona wurde in meinem Kopf dauerpräsent und dominierte mein Denken, Fühlen und Handeln in einer sehr ungesunden Weise, was sich mit jedem weiteren Schreckensbild, jeder weiteren Hiobsbotschaft verstärkte. Irgendwann Ende März, Anfang April 2020 war ich an einem Punkt, wo ich nur noch dachte „Jetzt gehe ich da raus und hole mir den verdammten Virus, dann bin ich entweder immun oder tot, auf jeden Fall habe ich es hinter mir." Zu diesem Zeitpunkt wäre mir beides recht gewesen, wenn es mich nur von der allgegenwärtigen Angst befreit hätte.

In einem lichten Moment besann ich mich dann allerdings auf eine wichtige Strategie im Umgang mit pathologischer Angst: Den Faktencheck. Wie gefährlich ist das, wovor ich mich fürchte wirklich, und wie wahrscheinlich ist es, dass meine schlimmste Befürchtung (in diesem Fall an Corona schwer zu erkranken oder gar zu sterben) eintritt? Bereits ein Blick auf das offizielle Dashboard und ein bisschen Rechnerei genügte um festzustellen, dass das Virus bei weitem nicht so omnipräsent war, wie die offizielle Darstellung vermuten ließ. Auch sonst fielen mir einige Ungereimtheiten auf: Breitete sich das neue Coronavirus wirklich erst seit März 2020 in Österreich aus, oder waren zumindest einige der mehr oder weniger schweren „Grippefälle", die es im Februar 2020 auch in meinem Umfeld gab, schon auf SARS-CoV-2 zurückzuführen? Wenn ja, hätte das damals so gefürchtete „exponentielle Wachstum" mangels Schutzmaßnahmen schon viel früher zu einer nahezu explosionsartigen Verbreitung des Virus führen müssen … War das Virus wirklich so rücksichtsvoll und hat mit der Ausbreitung gewartet, bis wir auch in Österreich seine Existenz breitflächig mittels PCR-Tests nachweisen konnten?

Hausärzte gaben Mitte März 2020 noch Entwarnung: Nur wer in einem Risikogebiet (damals vor allem Italien und China) gewesen wäre oder Kontakt mit einem Infizierten hatte, könne sich mit dem neuartigen Coronavirus angesteckt haben. Wenige Tage später die Kehrtwendung: Es gäbe neue Erkenntnisse, ab sofort bestünde bei jeder fiebrigen Erkrankung der Verdacht auf eine Coronainfektion. Von da an wurde getestet und isoliert, was das Zeug hielt, entsprechend stiegen auch die Fall- und Verdachtszahlen an. Aber hatte sich das Virus tatsächlich an diesen Fahrplan gehalten? Und warum galt plötzlich nur mehr eine Meinung als die einzig richtige, nämlich die der Regierung? Selbst seriöse Wissenschaftler, die den strengen Kurs der Politik in Zweifel zogen, wurden als „falsche Experten" abgekanzelt oder als Schwurbler, Beschwichtiger oder gar Verschwörungstheoretiker verunglimpft.

Es war auch kaum zu übersehen, dass sich die Berichterstattung vormals seriöser Medien proportional zur Anzahl der „Informations"-Einschaltungen der Bundesregierung immer mehr zum Sprachrohr dieser politisch vorgegebenen Einheitsmeinung entwickelte. Das animierte mich noch mehr zum kritischen Hinsehen … Mit dem Ergebnis, dass sich meine Angst vor dem Virus in angemessene Vorsicht verwandelte, meine Angst vor der Politik und weiteren willkürlich und ohne Evidenz getroffenen Maßnahmen aber massiv anstieg. Mit der Zeit mischte sich in die Angst eine gehörige Portion Zorn, da es hierzulande medial und politisch scheinbar unmöglich ist, Fehler zuzugeben und aus diesen zu lernen, auch wenn sie noch so offensichtlich sind.

Um es ganz klar zu sagen: Ich leugne weder die Existenz des Virus – mir ist durchaus klar, dass es für manche Menschen gefährlich sein kann – noch glaube ich an eine geplante Pandemie zur Einführung einer neuen Weltordnung. Ich bin geimpft (sehe die Impfung aber dennoch kritisch) und von rechtsradikal weiter entfernt als der Mond – alleine die Tatsache, dass ich mich mit meiner Meinung plötzlich auf Seiten der FPÖ wiederfand, brachte mein Weltbild vollkommen aus dem Gleichgewicht. Und selbstverständlich bin ich auch bereit, Einschränkungen hinzunehmen, wenn die Situation es erfordert und die restriktiven Maßnahmen angemessen, sinnvoll und zielführend sind.

Ich halte aber nichts von Schwarz-Weiß-Denken (weil erfahrungsgemäß die Wahrheit irgendwo in den Zwischentönen verborgen ist), und ich bin es leid, monatelang bevormundet, gegängelt und hinters Licht geführt zu werden – zu Erziehungszwecken, oder weil Verantwortliche nicht willens oder in der Lage sind, einen einmal eingeschlagenen Weg zu verlassen, selbst wenn er sich als falsch herausstellt. Ich kann auch nicht leugnen, dass ich ein Querdenker im ursprünglichen Sinne des Wortes bin, bevor der Begriff coronabedingt seine neue, leider sehr negative Bedeutung erhielt: Ich muss Dinge hinterfragen, von allen Seiten betrachten, in seine Bestandteile zerlegen und wieder neu zusammensetzen, bevor ich mir eine Meinung bilden kann – die ich dann oft genug wieder revidieren muss, wenn sich neue Erkenntnisse auftun.

Zweieinhalb Jahr gegen den Strom zu schwimmen kostet viel Kraft und ermüdet bis ins Mark. Mit der Erschöpfung geht allzu oft Resignation, Hoffnungslosigkeit und oft auch Verzweiflung einher – so geht es nicht nur mir, sondern vielen, zu vielen Menschen in meinem Umfeld. Mentale Erschöpfung ist der beste Nährboden für Angst, die dann auch physisch krank machen kann. Dieses Buch war meine Art, Angst, Wut und Hoffnungslosigkeit aufzuarbeiten und vielleicht in etwas Positives zu verkehren. Möglicherweise erkennt sich der ein oder andere darin wieder – festzustellen, dass man mit seinen Zweifeln und Ängsten nicht alleine ist, macht die Situation zwar nicht besser, aber vielleicht erträglicher.

Dieses Buch ist sicher nicht immer objektiv und manchmal auch emotional. Dennoch habe ich versucht, die Fakten so naturgetreu darzustellen, wie es in Zeiten wie diesen möglich ist. Da auch ich die Wahrheit nicht gepachtet habe, bitte ich den geneigten Leser: Glauben Sie mir nichts ohne Vorbehalt. Hinterfragen Sie die Fakten, und kommen Sie zu einer eigenen Meinung – sollten Sie manches anders sehen, haben Sie vielleicht Recht, oder wir beide, oder keiner von uns. Wie werden wohl kommende Generationen über diese Pandemie und unseren Umgang damit denken, wie wir selbst mit einigem Abstand? Noch ist es zu früh, um diese Fragen zu beantworten. Ich wage aber die Prognose, dass in einigen Jahren (oder vielleicht schon Monaten) viele von uns fassungslos den Kopf schütteln werden – über ihre eigene Leichtgläubigkeit, oder die Nonchalance, mit der natürliche Schutzmechanismen des Menschen zu politischen Zwecken missbraucht wurden.

Corona und die Angst

Angst ist lebenswichtig: Sie schärft unsere Sinne, mahnt zur Vorsicht und hilft, sich in brenzligen Situationen auf das Wesentliche zu konzentrieren. Die Menschheit würde nicht mehr existieren, wenn unsere Vorfahren wilden Tieren oder Naturgewalten ohne Angst begegnet wären – sich im richtigen Moment zurückzuziehen und sein Leben zu schützen, kann das Überleben des Einzelnen und damit auch der Gemeinschaft sichern.

Einzuschätzen, ob in einer Situation Angst angebracht ist oder nicht, ist nicht immer so einfach. Verließen sich unsere Vorfahren überwiegend auf Erfahrung und Instinkt, werden wir heute von einer Vielzahl an Informationen und Meinungen überschwemmt, die unsere Emotionen und somit unsere Einschätzung beeinflussen. Am Anfang der Corona-Pandemie im März 2020 waren es vor allem die Bilder und Berichte aus Italien, die uns die Gefährlichkeit des Virus verdeutlichen sollten und uns in Angst und Schrecken versetzten.

Nun ist es völlig normal, in einer neuen und undurchsichtigen Lage mit Angst zu reagieren und sich erst einmal zurückzuziehen, aus sicherer Entfernung zu beobachten und die nötigen Informationen für eine objektive Bewertung der Situation zu sammeln. Folgt jedoch einer Schreckensmeldung die nächste, kommt es zu einer Art Angststarre: Das Gehirn schaltet das selbstständige Denken weitgehend aus und beschränkt sich darauf, das reine Überleben zu sichern. In diesem

Zustand ist der Mensch gerne bereit, jedem zu vertrauen, der ihn schützend bei der Hand nimmt und verspricht, ihm den Weg aus einer scheinbar ausweglosen Situation zu weisen. Manipulation durch Angst ist vermutlich so alt wie die Menschheit, und sie funktioniert immer wieder aufs Neue.

Angst ist ein zuverlässiger Schutzmechanismus, wenn es gelingt, mittels der freigesetzten Energie die angstauslösende Situation aktiv zu bewältigen. Das Blockieren der Denk- und Handlungsfähigkeit durch permanente Panikmache führt jedoch zu einem Gefühl der Hilflosigkeit und des Ausgeliefert-Seins: Hält dieser Zustand über längere Zeit an, kann der dadurch hervorgerufene chronische Stresszustand die seelische und körperliche Gesundheit massiv beeinträchtigen. Erhöhte Reizbarkeit, chronische Erschöpfung, Motivationsverlust, diffuse körperliche Beschwerden, Depressionen und Angststörungen sind nur einige der Symptome, mit denen viele Menschen seit Beginn der Pandemie zu kämpfen haben. Die Furcht vor dem neuartigen Virus hat daran sicher einen gewissen Anteil, der Großteil ist aber wohl auf die teils in Kriegsrhetorik abdriftende Krisenkommunikation von Politik, Medien und einigen eindimensional denkenden Wissenschaftlern zurückzuführen. Die daraus entstandenen Schäden werden erst rückblickend erkennbar sein und uns noch viele Jahre begleiten.

Vom neuartigen Virus zur „Pandemie der Panik"

Als im Jänner 2020 die ersten Fälle einer neuen Lungenerkrankung in China bekannt wurden, hätte sich wohl kaum jemand vorstellen können, wie sehr das neuartige SARS-CoV-2-Virus die Welt verändern würde. Selbst als die WHO am 11. März 2020 die bis dahin für China geltende Epidemie zur weltweiten Pandemie ernannte, war in Österreich die Welt noch annähernd in Ordnung: Das änderte sich jedoch schon wenig später, und zwar umfassender und tiefgreifender, als wir es je für möglich gehalten hätten.

Früher als in anderen Ländern – möglicherweise bedingt durch die „Causa Ischgl" als europaweiter Super-Spreader-Event – wurden in Österreich schon ab dem 10. März 2020 Veranstaltungen abgesagt, Schulen geschlossen, der Reiseverkehr eingeschränkt und die Menschen zur vorübergehenden Kontaktreduzierung aufgerufen. Ab dem 16. März folgte der erste Lockdown mit der Schließung von Gastronomie, Freizeiteinrichtungen, nicht lebensnotwendigem Handel und das „Betretungsverbot öffentlicher Orte" – sprich Ausgangsbeschränkungen.

Wenngleich rückblickend vermutlich in diesem Umfang nicht notwendig, waren diese Maßnahmen in der damaligen Situation sicher gerechtfertigt, um zur Ruhe zu kommen und sich einen Überblick zu verschaffen. Statt aber die Bevölkerung mit seriösen, sachlichen Informationen zu versorgen, fand zu dieser Zeit bereits die Geburtsstunde der Panik-Rhetorik und „Message-

Control" statt: Wer erinnert sich nicht an die Aussagen des damaligen Bundeskanzlers „Es wird 100.000 Tote geben", „Jeder wird bald jemanden kennen, der an Corona verstorben ist" sowie die Ansage „Es ist die Ruhe vor dem Sturm" vor Ostern im April 2020. Dass der „Sturm" – also ein weiterer Anstieg der Infektionszahlen nach Ostern – nicht nur ausblieb, sondern sich bereits in ein laues Frühlingslüftchen verwandelt hatte, blieb seitens der Politik wie so vieles andere unkommentiert. Zur Erinnerung: Am Ostersonntag, dem 12. April 2020, wurden lt. Dashboard der AGES gerade einmal 111 Neuinfektionen verzeichnet, eine Woche später nur noch 68. Im Krankenhaus mussten zu Ostern 2020 knapp 800 Menschen behandelt werden (etwas weniger als 200 auf der Intensivstation), Ende April waren es weniger als 400 (86 intensiv).

Obwohl bereits ein Abflauen der ersten Welle erkennbar war, wurde Ende März die Maskenpflicht eingeführt. Wie wir uns alle gut erinnern, galt damals alles als Maske, was als „mechanische Barriere" vor dem Gesicht durchging. Die medizinische Wirksamkeit der Stofflappen und Plastikschilde war zwar umstritten, als augenfälliges und einprägsames Symbol für die Gefährlichkeit des Virus leistete die Maske aber gute Dienste. Auch nach weitgehenden Öffnungen im Sommer 2020 blieb uns die Maske in vielen Bereichen erhalten: Nach einer kurzzeitigen Maskenpause wurde die Verpflichtung zum Tragen eines Mund-Nasenschutzes im lebensnotwendigen Handel bereits im Juli 2020 wieder eingeführt, nachdem der damalige Gesundheitsminister ein (von simplen Rhinoviren verursachtes) „virologisches Grundrauschen" vernommen hatte. Der Minister gab damals zwar zu, dass es dabei vor allem um den psychologischen Effekt ginge, beschrieb die Maßnahme aber als notwendig, um eine zweite Welle im Herbst zu verhindern. Im Sommer eine Maske zu tragen, um im Herbst Infektionen zu verhindern ist nun ungefähr so zielführend, als würden wir im August Wintermäntel tragen, um im Dezember Heizkosten zu sparen – da sich der Hausverstand zu diesem Zeitpunkt aber schon verabschiedet hatte und ein Großteil der Bevölkerung in Angststarre gefangen war, zweifelte kaum jemand den Sinn dieser Maßnahme an oder lehnte sich dagegen auf. Geholfen hätte es ohnehin nichts, da die Bevölkerung längst in vernünftige, verantwortungsbewusste Maßnahmenbefürworter und verantwortungslose Coronaleugner und Verschwörungstheoretiker eingeteilt war. Dazwischen gab es nichts mehr: Wer es wagte, kritisch zu hinterfragen, wurde ohne lange zu fackeln ins Lager der Covidioten transferiert oder im rechten Eck abgestellt. So wurde die Maske nicht nur zum Symbol der Angst, sondern auch zum Maulkorb für eigenständig Denkende.

Wurde im Frühjahr 2020 vor allem die Angst vor der Erkrankung und dem Tod naher Angehöriger geschürt, war im Herbst 2020 die drohende „Triage" das Zauberwort, das uns zum Einhalten neuerlich eingeführter strenger Schutzmaßnahmen bewegen sollte. Und es funktionierte wieder: Die gebetsmühlenartig suggerierte Vorstellung, sich selbst oder einem nahen Angehörigen könnte dringend benötigte medizinische Hilfe vorenthalten bleiben, weil aufgrund zu vieler Corona-

Infizierter Kapazitäten fehlen könnten, jagte den Menschen die nächsten Angstschauer durch den Körper und ließ sie abermals blind vertrauen und folgen. In die Lage, tatsächlich eine Triage durchführen zu müssen, kamen Österreichs Intensivstationen nie, wohl aber die Kinder- und Jugendpsychiatrie – aber das ist ein anderes Thema.

Als im Winter 2020/2021 die zweite Welle überstanden war und die so heiß ersehnte Impfung als einziger Ausweg aus der Pandemie in greifbare Nähe rückte, machten die Mutationen – allen voran die als „britische Variante" bekannte Variante B.1.1.7 (auch „Alpha-Variante") – einen Strich durch die Rechnung. „Britische Variante ist ansteckender und tödlicher" las und hörte man tagtäglich in den Medien. Die leichtere Übertragbarkeit wurde bald darauf durch Studien bestätigt, die erhöhte Sterblichkeit jedoch nicht. Das gleiche Spiel wiederholte sich bei der darauffolgenden Südafrika-Variante B.1.351 (auch „Beta-Variante"), der Delta-Variante („indische Variante", B.1.617.2) und schließlich bei Omikron (B.1.1.529). Nun ist es nicht gerade neu, dass ein Virus mutiert, und auch SARS-CoV-2 hat nicht erst im Herbst 2020 angefangen, sich zu verändern. Tendenziell neigen Viren dazu, im Laufe ihrer Evolution ansteckender, aber weniger pathogen zu werden – natürlich kann man sich darauf nicht verlassen und eine gewisse Vorsicht ist mit Sicherheit angebracht, die das Auftauchen jeder neuen Variante begleitende Panikmache war und ist auf die Dauer aber nur noch ermüdend.

Um die Ausbreitung des Virus samt seiner neuen Varianten zu verhindern oder wenigstens zu bremsen, wurden im Dezember 2021 die Massentestungen als neue Wunderwaffe eingeführt. Sich testen zu lassen wurde zum Synonym für Verantwortungsbewusstsein, ungeachtet dessen, dass ein negatives Testergebnis nur eine Momentaufnahme und bei symptomlosen Menschen wenig aussagekräftig ist: Wer sich eine Woche vor Weihnachten testen ließ, sich danach ansteckte und an Weihnachten das Virus an den halben Verwandtenkreis weitergab, brauchte kein schlechtes Gewissen zu haben – passierte dasselbe einem „Testverweigerer", musste er sich zumindest als Gefährder, wenn nicht als potentieller Mörder beschimpfen lassen.

Anders als in anderen Ländern, wo Tests zielgerichtet bei Symptomen und in vulnerablen Einrichtungen (Gesundheits- und Pflegebereich) eingesetzt wurden, galt in Österreich fortan „testen, testen, testen" nach dem Gießkannenprinzip als Gebot der Stunde. Neben den freiwilligen Testungen zur Gewissensberuhigung trugen auch notwendige Eintrittstests und die Testpflicht in Schulen und am Arbeitsplatz dazu bei, dass Österreich im Frühjahr 2021 den fragwürdigen Titel des „Testweltmeisters" errang. Die Infektionszahlen zeigten sich dadurch (auch im Vergleich zu anderen Ländern) zwar wenig beeindruckt, die Ausgaben waren aber enorm: Alleine im Jahr 2021 wurden in Österreich 538,93 Millionen Euro für die Durchführung von COVID-19-Tests in Apotheken, Arztpraxen und Ambulatorien ausgegeben, dazu kamen 219,54 Millionen

Euro für den Ankauf von Selbsttests zur Abgabe in Apotheken (Quelle: Jahresbericht 2021 über Corona-Ausgaben des Gesundheitsministeriums[1]). Sicherlich hätte man einen Großteil dieses Geldes bei einer zielgerichteten Teststrategie anderweitig besser (etwa für den Pflegebereich) anlegen können – durch die annähernde Gleichstellung mit anderen viralen Erkrankungen wäre aber womöglich ein gelassenerer Umgang mit dem Virus entstanden, was offenbar unerwünscht war.

Ein weiterer Meilenstein – und der groß angekündigte „Gamechanger" – war der Beginn der Impfungen Anfang 2021. Neue, kaum erprobte Impfstoffe lösten bei vielen Menschen neue Ängste aus, andere sahen in ihnen den lange ersehnten (und womöglich einzigen) Ausweg aus der Pandemie. Auf das „testen, testen, testen", folgte jetzt der Aufruf „impfen, impfen, impfen", egal womit. Als erste schwere und bisweilen sogar tödliche Nebenwirkungen bekannt wurden – man erinnere sich an den Tod einiger junger Frauen durch Sinusvenenthrombosen nach einer Impfung mit dem Impfstoff von AstraZeneca – wurden diese heruntergespielt und als „äußerst selten" abgetan. Das mag stimmen, allerdings kommen auch Todesfälle durch SARS-CoV-2 bei jungen Frauen in der für Thrombosen anfälligen Altersgruppe äußerst selten vor. Ähnliches gilt für Herzmuskelentzündungen bei jungen Männern, die durch die mRNA-Impfstoffe ausgelöst werden können.

Eine objektive Nutzen-Risiko-Abwägung für Impfungen

in den verschiedenen Altersgruppen gab es jedoch nie, stattdessen wurde im November 2021 gar eine Impfpflicht für über 18-jährige ab Februar 2022 beschlossen. Der in Aussicht gestellte Impfzwang brachte viele impfkritische Menschen in eine nahezu ausweglose und psychisch und emotional äußerst belastende Situation – ein Zustand, der durch die Einführung von 3G, 2G und dem Lockdown für Ungeimpfte noch verstärkt wurde.

Und dann – gerade als sich die österreichische Politik mit dem vierten Lockdown, Massentestungen und Impfpflicht so schöne Instrumente zur Pandemiebewältigung zurechtgelegt hatte – kam Omikron und führte alles ad absurdum. Von der Annahme, zwei Impfungen könnten nicht nur die Erkrankung, sondern auch die Weitergabe des Virus verhindern, musste man sich schon bei der im Herbst grassierenden Delta-Variante verabschieden, Omikron legte dann noch eins drauf: Das Virus weigerte sich, zwischen Geimpften und Ungeimpften zu unterscheiden, sprang munter von einem zum anderen weiter und verursachte unabhängig vom Impfstatus nahezu dieselben Symptome. Dennoch hielt Österreich an 2G, 3G, dem Lockdown für Ungeimpfte und zunächst auch noch an der Impfpflicht fest. Dass Omikron in der Regel leichtere Verläufe verursacht und das Risiko eines Krankenhausaufenthalts damit auch für Ungeimpfte stark abnahm[2], wurde ignoriert, stattdessen gebetsmühlenartig zur dritten und bald auch zur vierten Impfung aufgerufen.

Mittlerweile wissen wir, dass weitere Boosterimpfungen nur einen kurzzeitigen Anstieg der Antikörper bewirken und daher eine eingehende Nutzen-Risiko-Abwägung vor jeder erneuten Impfung sinnvoll wäre. Dessen ungeachtet wird in Österreich weiterhin durch teure Impfkampagnen zur Impfung mit einem inzwischen weitgehend nutzlosen, weil nicht an neue Varianten angepassten Impfstoff aufgerufen (selbst die im Herbst auf den Markt geworfenen „Omikron-Impfstoffe" sind zum Teil auf ältere Varianten abgestimmt). Um die Bevölkerung auf den kommenden Herbst vorzubereiten, werden schon im Sommer eindrucksvoll Schreckenssszenarien von neuen Virusmutationen an die Wand gemalt, gegen die nur eine erneute Impfung helfen kann: Auf die Möglichkeit, dass neue Varianten eventuell noch harmloser sein könnten als der Ursprungstyp von Omikron und eine Impfung daher vielleicht gar nicht mehr nötig ist, wird nur vage eingegangen. Getoppt wird Österreich da nur noch von Deutschland, wo der amtierende Gesundheitsminister in regelmäßigen Abständen einen potentiellen Killervirus ankündigt, von dessen Existenz allerdings nur er allein überzeugt zu sein scheint.

In Österreich hingegen wurde auch im Frühsommer 2022 in vielen Bereichen an der FFP2-Maskenpflicht festgehalten: Während beinahe alle europäischen Länder die Maßnahmen und somit auch die Maskenpflicht bereits im Frühjahr 2022 weitgehend aufgehoben hatten, musste in Österreich im „lebensnotwendigen Handel" noch bis Ende Mai eine FFP2-Maske getragen werden. Die Vorsitzende des GECKO-Expertengremiums sprach sich Mitte Mai gar für eine

Maskenpflicht über den ganzen Sommer aus, und zwar aus „psychologischen Gründen und zur sozialen Gewöhnung". Als es gar nicht mehr anders ging und eine Weiterführung der FFP2-Maskenpflicht außerhalb des Gesundheits- und Pflegebereichs beim besten Willen nicht mehr zu rechtfertigen war, wurde diese lediglich ausgesetzt, nicht aber gänzlich aufgehoben – mit der Ankündigung, dass im Herbst bei steigenden Fallzahlen wieder mit einer Einführung der Maskenpflicht zu rechnen sein wird.

Das Symbol der Angst muss also bleiben, um jeden Preis, auch ohne medizinische Grundlage und gegen jede Vernunft. Verständlich, wenn man bedenkt, dass die Angst zu diesem Zeitpunkt das Einzige ist, was die Pandemie noch am Laufen hält – welche Auswirkungen der mittlerweile über zwei Jahre andauernde Stresszustand auf die Menschen hat und langfristig noch haben wird, spielt für die Verantwortlichen leider keine Rolle.

Angst isst die Seele auf - Auswirkungen langanhaltender Angst- und Stresszustände

Übersteigerte und lange anhaltende Angst verliert ihre Schutzfunktion und versetzt Körper und Seele in einen chronischen Stresszustand. Sie blockiert auch die Fähigkeit, Situationen rational abzuschätzen: Wer in seiner Angst feststeckt, kann nicht mehr zwischen Realität und Angst unterscheiden und steigert sich so immer mehr in irrationale Schreckensszenarien hinein. Ständig latent vorhandene Furcht kann Betroffene derart lähmen, dass ein Empfinden anderer Emotionen als Angst und die Aufrechterhaltung eines normalen Lebens kaum noch möglich ist.

Die körperlichen Auswirkungen chronischer Angst sind vielfältig, sie können nahezu jedes Organsystem betreffen. Am häufigsten kommen vor:

- Übelkeit, Magenschmerzen, Verdauungsbeschwerden, Appetitlosigkeit, ungewollter Gewichtsverlust
- Atemnot, Kloßgefühl im Hals, Engegefühl in der Brust
- Herzklopfen
- Muskelverspannungen, dadurch bedingt Kopf- und Rückenschmerzen
- Schlaflosigkeit, Ein- und Durchschlafstörungen

- Müdigkeit, Antriebslosigkeit, verminderte Leistungsfähigkeit
- Konzentrationsstörungen
- Reizbarkeit, Ruhelosigkeit, Nervosität
- Panikattacken
- Generalisierte Angststörung
- Depressionen

Der durch Angst hervorgerufene Alarmzustand im Körper bedingt eine erhöhte Hormonausschüttung der Nebenniere (Adrenalin und Noradrenalin), die zur Erhöhung der Herzfrequenz und einer stärkeren Durchblutung der Muskeln führt. Das Gehirn und damit die Denkfähigkeit werden jedoch weitgehend ausgeschaltet, wodurch sich die jedermann aus Prüfungssituationen bekannten „Black-outs" erklären.
Kreisen die Gedanken nur noch um die Angst, macht sich häufig eine Verminderung der Urteilsfähigkeit bemerkbar: Es fällt schwer, die eigene Situation objektiv zu beurteilen und angemessene Lösungsmöglichkeiten zu finden, selbst wenn sie für andere offensichtlich vorhanden sind. Angst kann das Denk- und Vorstellungsvermögen derart einschränken, dass man buchstäblich vor lauter Bäumen den Wald nicht mehr sieht.

Nicht zu unterschätzen ist auch die Wirkung lange anhaltender Angst auf unser Immunsystem. Steht der Organismus permanent unter Stress, wird kontinuierlich das Stresshormon Cortisol von den Nebennieren ausgeschüttet. Diese Überproduktion (Hypercortiso-lismus) kann das Immunsystem empfindlich schwächen, was sich durch eine erhöhte Infektanfälligkeit, verzögerte Wundheilung und eine verstärkte Neigung zu Autoimmunerkrankungen bemerkbar machen kann. Wenn eine Stressreaktion sehr stark ist oder über lange Zeit anhält, kann es auch zu einer Erschöpfung der Nebennierenfunktion kommen, bei der zu wenig Cortisol gebildet wird (Hypocortisolismus). Die Folgen können eine Schwächung des Immunsystems, Konzentrationsstörungen und chronische Erschöpfung bis hin zum „Burn-out" sein.

Angst und Wut – Schwestern im Geiste

Für die Entstehung von Angst ist vor allem ein winziger Teil unseres Gehirns verantwortlich: Die Amygdala, auch als Mandelkern bezeichnet. Sie besteht aus zwei etwa bohnengroßen Nervenzellenverbindungen und liegt im unteren mittleren Teil des Gehirns in der Nähe des Hippocampus – dieser bildet die Schaltstelle zwischen Kurz- und Langzeitgedächtnis und gilt als Arbeitsspeicher des Gehirns.

Amygdala und Hippocampus sind Teil des limbischen Systems und verantwortlich für die emotionale Bewertung einer Situation. Wird eine Situation als bedrohlich eingestuft, veranlasst es eine vermehrte Ausschüttung bestimmter Botenstoffe wie etwa der Stresshormone Cortisol und Adrenalin, der Körper wird in Alarmzustand versetzt. Das limbische System („Säugerhirn") ist Teil des Mittelhirns und befindet sich zwischen dem evolutionär ältesten „Reptiliengehirn" (Hirnstamm) und dem Großhirn, dem jüngsten, hochentwickelten Teil des Gehirns. Neben Amygdala und Hippocampus sind an einer Angstreaktion auch noch andere Regionen des Gehirns beteiligt, die über diverse Nervenbahnen miteinander verbunden sind.

Stress- und Angstreaktionen werden größtenteils instinktiv und unwillkürlich von den beiden älteren Hirnregionen (Reptilien- und Säugerhirn) gesteuert. Um auf unbekannte Gefahrensituationen adäquat reagieren zu können, muss das Gehirn aber auch sehr lernfähig sein und immer neue Reize in gefährlich und ungefährlich einteilen können. Dabei greift es zum Teil auf eigene Erfahrungen, aber auch auf bewusst oder unbewusst aufgenommene Informationen aus der Umwelt zurück.

Wie Angst entsteht auch Wut in der Amygdala. Während Angst lähmt, setzt Wut Energien frei: In kontrollierter Form kann Wut daher etwas sehr Positives sein. Unkontrolliert beeinflusst sie allerdings ebenso wie Angst die Wahrnehmung, blendet sachliche Argumente aus und kann zu Kurzschlusshandlungen führen. Dennoch ist es nicht ratsam, Wut dauerhaft zu unterdrücken: Psychische oder körperliche Erkrankungen können die Folge sein.

Unbewusste und bewusste Bewältigungsstrategien

Unser Organismus kennt seit Jahrtausenden drei Möglichkeiten der Reaktion auf eine reale oder vermeintliche Gefahrensituation: Flucht, Kampf oder die Strategie des „Einfrierens" oder „Erstarrens". Bei letzterem begibt sich der Organismus in eine Art „Scheintod": Puls und Atmung verlangsamen sich, Schmerzempfinden, Denkfähigkeit und Erinnerungsvermögen werden stark eingeschränkt. Diese Art der Stressbewältigung wird unbewusst oft in Situationen eingesetzt, aus denen es kein Entkommen zu geben scheint, etwa bei Unfällen oder Gewaltverbrechen.

Viele Menschen hatten und haben auch während der Pandemie das Gefühl, dem Virus – oder den zu seiner Bekämpfung eingesetzten Maßnahmen – hilflos ausgeliefert zu sein. Sozialer Rückzug, zunehmendes Desinteresse an der Umwelt, Motivationsverlust, Verlust der Lebensfreude bis hin zu Depressionen können Anzeichen eines durch langanhaltenden Stress hervorgerufenen „emotionalen Scheintods" sein.

Sich in Zeiten hoher Virusaktivität durch Abstandhalten, Kontaktreduktion, Hygienemaßnahmen und Maske vor einer Infektion zu schützen, ist sicher sinnvoll – in einem angemessenen Ausmaß tragen diese Schutzmaßnahmen zur Beruhigung bei. Übersteigerte Sicherheitsvorkehrungen wie nahezu völlige Isolation, das ständige Tragen von Masken oder tägliches Testen ohne konkreten Anlass können bestehende Ängste aber sogar verstärken: Unbewusst wird eine Situation nämlich umso bedrohlicher empfunden, je mehr Sicherheitsvorkehrungen sie scheinbar erfordert.

Wenn in der Realität die Angst regiert, bieten Alkohol, Drogen und Medikamente, aber auch die virtuelle Welt willkommene Fluchtwege an. Vor allem Menschen, die schon vor der Pandemie zu Suchtverhalten neigten, sind gefährdet, in eine Sucht abzugleiten. Laut einer Umfrage berichteten im ersten Jahr der Pandemie vor allem Frauen von einem gesteigerten Konsum von Alkohol, Tabak und Medikamenten. Allgemein hatte sich bei Menschen, die sich durch die Pandemie stark belastet fühlen, das Konsumverhalten am deutlichsten verändert[3]. Eine Studie der DAK Deutschland zeigte im ersten Pandemiejahr einen Anstieg der Internetnutzung von Kindern und Jugendlichen um bis zu 75 %, was bei einer Vielzahl von Kindern und Jugendlichen auf eine krankhafte Nutzung schließen lässt[4].

Ein weiterer Versuch, sich aus der Angst zu befreien, kann der Abwehrmechanismus „Verleugnung" sein: Man schafft das Unangenehme einfach aus der Welt, indem man sich weigert, es wahrzunehmen. Hier bewegen wir uns auf sehr dünnem Eis, da seit Anfang der Pandemie grundsätzlich jeder, der dem Narrativ der Politik widersprach, als „Coronaleugner" eingestuft wurde – der größte Teil der so abgekanzelten Menschen leugnete jedoch keineswegs die Existenz des Virus, sondern setzte sich lediglich kritisch mit den zu seiner Bekämpfung eingesetzten Maßnahmen auseinander. Andererseits kann der durch Angst hervorgerufene Kontrollverlust aber sehr wohl dazu führen, dass man dort Muster zu erkennen glaubt, wo eigentlich keine sind. „Verschwörungstheorien" liefern Erklärungen, an denen man sich festhalten kann – und was man verstehen kann, macht weniger Angst. Nun ist es in der heutigen Zeit nicht immer leicht, inmitten von Angst und „Message Control" zwischen Realität, politischem Narrativ und sogenannten Verschwörungstheorien zu unterscheiden. Da helfen nur Eigeninitiative und ein stetiger Faktencheck mit Hilfe seriöser Quellen weiter.

Faktencheck: Zahlen/Daten/Relationen

Die Wellen eins bis fünf im Überblick (Österreich)
(Quelle: Dashboard AGES):

Höchststand Neuinfektionen		
Erste Welle (Frühjahr 2020)	1.056	am 26.03.2020
Zweite Welle (Herbst 2020)	9.175	am 11.11.2020
Dritte Welle (Frühjahr 2021)	3.648	am 19.03.2021
Vierte Welle (Herbst 2021)	16.468	am 16.11.2021
Omikron-Welle (Jan./Feb. 22)	63.921	am 15.03.2022

Höchststand Hospitalisierte (Normalstation)		
Erste Welle (Frühjahr 2020)	857	am 07.04.2020
Zweite Welle (Herbst 2020)	3.942	am 20.11.2020
Dritte Welle (Frühjahr 2021)	1.877	am 07.04.2021
Vierte Welle (Herbst 2021)	2.769	am 30.11.2021
Omikron-Welle (Jan./Feb. 22)	3.074	am 28.03.2022

Höchststand Intensivpatienten		
Erste Welle (Frühjahr 2020)	267	am 08.04.2020
Zweite Welle (Herbst 2020)	709	am 25.11.2020
Dritte Welle (Frühjahr 2021)	615	am 12.04.2021
Vierte Welle (Herbst 2021)	664	am 06.12.2021
Omikron-Welle (Jan./Feb. 22)	241	am 28.03.2022

Bundesweit geltende Lockdowns	
Erster Lockdown	16.03.2020 bis 30.04.2020
Lockdown „light"	03.11.2020 bis 16.11.2020
Zweiter „harter" Lockdown	17.11.2020 bis 06.12.2020
Lockdown „light"	07.12.2020 bis 23.12.2020
Dritter „harter" Lockdown	26.12.2020 bis 07.02.2021
Lockdown für Ungeimpfte	15.11.2021 bis 31.01.2022
Lockdown für alle	22.11.2021 bis 12.12.2021

Verfügbare Intensivbetten
Je nach Quelle (Statistik Austria, AGES) zwischen 2000 und 2700
Die systemkritische Auslastung durch COVID-19-Patienten liegt bei 33 %, also 660 bis 890 Betten.

Kapazität an Intensivbetten im europäischen Vergleich
(Stand 2018, Quelle: Statista Deutschland)

Intensivbetten pro 100.000 EinwohnerInnen:

Deutschland	33,9
Österreich	28,9
Frankreich	16,3
Spanien	9,7
Italien	8,6
Dänemark	7,8
Irland	5,0

Zum Vergleich: In manchen afrikanischen Ländern wie etwa Äthiopien, Senegal oder Nigeria kommen auf 100.000 Einwohner gerade einmal 0,3 bis 0,5 Krankenhausbetten (nicht Intensiv!)

Todesfälle an/mit Corona

Definition Sterbefall lt. Dashboard AGES: „COVID-19-Tod ist definiert als ein laborbestätigter Fall von CO-VID-19 mit Ausgang Tod, wobei zwischen Status „Erkrankung" und Status „Tod" der Status „Geheilt/Genesen" NICHT vorgelegen hat.

Todesfälle an/mit Corona Österreich:

Gesamt 19.919 (Stand 28.05.2022, Quelle: EMS)

> 84 Jahre	8.441	42,38 %
75-84	6.590	33,08 %
65-74	3.007	15,10 %
55-64	1.319	6,62 %
45-54	396	1,99 %
35-44	98	0,49 %
25-34	45	0,23 %
15-24	15	0,08 %
5-14	5	0,03 %
<5	3	0,01 %

Durchschnittsalter der an COVID-19 Verstorbenen 2021 (Statistik Austria):

Männer 77 Jahre
Frauen 83 Jahre

Statistische Lebenserwartung Österreich 2021 (Statistik Austria):

Männer 78,8 Jahre
Frauen 83,8 Jahre

In den ersten beiden Pandemiejahren 2020 und 2021 machten Bewohner von Alten- und Pflegeheimen fast ein Drittel der Todesfälle aus (Quelle: Gesundheitsministerium). Nur etwas mehr als 1 % der Bevölkerung Österreichs lebt in einem Alten- oder Pflegeheim (95.263 im Jahr 2020, Quelle: Statistik Austria).

Todesfälle weltweit

(Quellen: Our World in Data/Statista Deutschland, Stand 29.05.2022)

Land	Todesfälle	Mio. Einwohner	pro 100.000
Österreich	19.919	8,90	223,80
Deutschland	139.000	83,24	166,90
Schweden	18.977	10,35	183,35
Schweiz	13.794	8,64	159,65

Land	Todesfälle	Mio. Einwohner	pro 100.000
Tschechien	40.281	10,7	376,46
Italien	167.000	59, 55	280,44
Großbritannien	178.465	67,22	265,49
Hongkong	9.376	7,48	125,34
Indien	525.000	1.380	38,04
Brasilien	660.000	212,6	310,44
Peru	213.000	32,97	646,04
USA	1.000.000	329,5	303,59
Südafrika	101.000	59,31	170,29
Senegal	1.966	16,74	11,74
Äthiopien	7.513	115	6,53

Zum Vergleich:

Andere Todesursachen: (Quelle: Statistik Austria)

Herz-Kreislauferkrankungen: pro Jahr rund 32.000 Todesfälle (Österreich)
Krebserkrankungen: rund 20.000 (Österreich)

Weltweit:

SARS-CoV-2-Virus (Stand 28.05.2022):
Seit Pandemiebeginn 6,29 Millionen Todesfälle (Quelle: Our World in Data)

Lt. WHO sterben weltweit *pro Jahr* etwa 3 Millionen Kinder unter 5 Jahren an den Folgen von Unterernährung.
Lt. WHO verursacht Luftverschmutzung *jedes Jahr* den Tod von rund 7 Millionen Menschen weltweit, der schädliche Gebrauch von Alkohol führt jährlich zu 3 Millionen Todesfällen.

Anmerkung:
Wie viele Menschen tatsächlich **an** Corona verstorben sind, wissen wir auch nach über zwei Jahren Pandemie nicht sicher, da die Statistik nicht unterscheidet, ob das Coronavirus die unmittelbare Todesursache war, entscheidend zum Tod beigetragen hat oder lediglich ein unbedeutender Begleitbefund war. Aus diesem Grund sind auch die Zahlen unterschiedlicher Länder nicht ohne weiteres miteinander vergleichbar, da verschiedene Zählweise existieren und in vielen Ländern mit einem schlechteren Gesundheitswesen sicher nicht alle Todesfälle gezählt werden.
Es zeigt sich jedoch, dass sich die Anzahl der Todesfälle beispielsweise von Schweden, der Schweiz und Hongkong nicht signifikant unterscheiden, obwohl diese drei Länder ganz unterschiedliche Strategien verfolgten: Schweden setzte weitgehend auf Eigenverantwortung und kam ohne Lockdown oder größere Zwangsmaß-

nahmen durch die Pandemie, während Hongkong lange Zeit eine Zero-Covid-Strategie mit rigorosen Quarantänebestimmungen verfolgte. Die Schweiz ging einen Mittelweg mit zahlreichen Einschränkungen, hob aber bereits Ende März 2022 alle Maßnahmen auf. Österreich mit vier Lockdowns und FFP2-Maskenpflicht bis Ende Mai 2022 steht – was die Todesfälle angeht – in der Statistik deutlich schlechter da als diese drei Länder.

Aber, wie schon erwähnt, diese Vergleiche hinken: Weltweit am meisten Todesfälle in Relation zur Bevölkerung weist Peru auf, was zum Teil am maroden Gesundheitssystem liegen könnte – neben positiv auf das Virus Getesteten fließen dort aber auch Fälle in die Statistik ein, bei denen aufgrund des klinischen Befundes eine Infektion als wahrscheinlich anzunehmen ist. Warum Tschechien europaweit mit Abstand den traurigen Rekord bei den Todesfällen hält, bleibt im Dunklen, während die offiziell gemeldeten Todeszahlen aus afrikanischen Ländern vermutlich nur einen Teil des Geschehens abbilden. Im Übrigen sind auch die Zahlen aus Österreich mit Vorsicht zu genießen: Aufgrund eines Datenabgleichs zwischen der Statistik Austria und dem Epidemiologischen Meldesystem (EMS) tauchten im April 2022 plötzlich über 3.000 weitere Sterbefälle im Zusammenhang mit Corona auf, die zum Teil bis zum Anfang der Pandemie zurückreichen.

Auch die Anzahl der Intensivbetten ist nicht sehr aussagekräftig, wenn das zum Betrieb nötige Personal fehlt. Personalnotstand in der Pflege ist in Österreich nicht erst seit Corona ein Problem, an deren Lösung leider nur mehr als halbherzig gearbeitet wird.

Kommunikation, Message Control und schwarze Pädagogik

Eine Pandemie ist in erster Linie eine medizinisch-soziale Angelegenheit, keine politische. Bei Corona ist das anders. Während frühere Epidemien und selbst Pandemien (wie etwa die Schweinegrippe-Pandemie 2009) von der Öffentlichkeit nahezu unbemerkt vorüberzogen, wurde Corona von Anfang an zur Chefsache erklärt.

Setzen wir einmal voraus, dass im März 2020 beim Ziehen der globalen Notbremse in den Köpfen der internationalen Staatschefs tatsächlich der Schutz der Menschen vor einer ungebremsten Verbreitung des Virus im Vordergrund stand. Zu diesem Zeitpunkt war noch so wenig über das Virus und seine Pathogenität bekannt, dass die allermeisten Menschen über den staatlich verordneten Stillstand froh waren und die Maßnahmen bereitwillig mittrugen. Allerdings dauerte es nicht lange, bis führende Politiker (und auch manche Wissenschaftler) die Krise als Möglichkeit entdeckten, sich – nicht zuletzt mit Hilfe der Medien – zu profilieren und nicht nur im eigenen Land, sondern europa- oder sogar weltweit positives Aufsehen zu erregen. Schnell kristallisierte sich heraus, dass eine strikte Entschlossenheit zu diesem Zeitpunkt besser ankam als der Laissez-faire-Stil von Donald Trump, Jair Bolsonaro oder Boris Johnson – wer etwas auf sich hielt, musste sein Volk mit strengen Maßnahmen vor dem Virus beschützen, koste es, was es wolle.

„Es wird 100.000 Tote geben", „Es ist die Ruhe vor dem Sturm" und „Bald wird jeder jemanden kennen, der an Corona verstorben ist" – diese im März 2020 getätigten Aussagen des damaligen Bundeskanzlers haben sich bei uns allen tief eingebrannt. Zu dieser Zeit gab es zwar einige errechnete Szenarien, wie die Pandemie in Abhängigkeit verschiedener Maßnahmen weiter verlaufen könnte, von „100.000 Toten" war aber in keinem davon die Rede. Wie man heute weiß, war das Ziel dieser Aussagen, der Bevölkerung ganz bewusst Angst vor einer Ansteckung oder vor dem Tod naher Angehöriger zu machen.

Lt. einem internen Protokoll der „Taskforce Corona" am 12.03.2020 bedauerte ein „nicht namentlich genanntes Mitglied der Taskforce", dass keine große Sorge in der Bevölkerung zu spüren sei und sprach sich dafür aus, „die Vorsicht der Bevölkerung mit drastischen Aussagen zu verstärken". Manchen ohnehin schon fragwürdigen Aussagen wurde daher gerne ein „Die Wahrheit ist …" vorausgesetzt – was uns schon damals hätte misstrauisch machen müssen, denn kein Experte weltweit hätte sich aufgrund der damaligen Faktenlage zugetraut, zu diesem Zeitpunkt „die Wahrheit" für sich oder seine Meinung zu beanspruchen.

Nun ist es sicher gut, vor einer möglichen Gefahr zu warnen, auch wenn man nicht genau weiß, wie groß sie sein wird. Es sollte dabei aber klar sein, dass es sich um Annahmen handelt, die möglicherweise zutreffen könnten, und nicht um Tatsachen, die zwangsläufig eintreffen werden. Für solche Fälle hält die deutsche

Sprache eine schöne Erfindung namens Konjunktiv bereit: Wären die Aussagen als Warnung gedacht gewesen, hätten sie entsprechend formuliert werden können, etwa mit „es könnte …", „möglicherweise …" oder „im schlimmsten Fall …". Damit hätte man die Bevölkerung ebenfalls sensibilisieren können, ohne sie in Panik zu versetzen. Leider hatten sich die Verantwortlichen aber bereits zu diesem Zeitpunkt für den absoluten Panikmodus entschieden – eine Strategie, die sich bis heute fortsetzt.

Nicht nur in Österreich nutzten führende Politiker die Situation, sich in die Rolle des „Volksbeschützers" zu begeben und durch selbstsicheres und wortgewandtes Auftreten ihre Popularität zu steigern. Anfangs durchaus mit Erfolg: „Österreich ist bisher besser durch diese Krise gekommen als andere Länder, wir haben schneller und restriktiver reagiert als andere" streut sich Bundeskanzler Kurz schon am 03.04.2020 selbst Rosen und erntet damit viel nationalen und internationalen Beifall. Das schlägt sich auch in den Umfragewerten nieder: 77 % der Menschen in Österreich geben im April 2020 an, mit der Arbeit der Regierung zufrieden zu sein. Der bayrische Ministerpräsident Söder verspricht im April 2020 seinen Schäfchen „Wir werden Bayern weiter mit Ruhe, Vorsicht und Geduld beschützen", was ihm in Umfragen eine Zustimmung von 94 % (!) einbringt.

Allerdings hält nichts ewig, und schon im Herbst 2020 sind lange nicht mehr alle BürgerInnen so begeistert von ihrer Obrigkeit. Während Bundeskanzler Kurz in

Österreich im August 2020 „Licht am Ende des Tunnels" sieht, kurze Zeit später aber die Maßnahmen aufgrund steigender Infektionszahlen wieder verschärft, warnt sein bayrisches Pendant zur gleichen Zeit via Video mit den schlagkräftigen, aber wenig faktenbasierten Worten „Corona wird jeden Tag gefährlicher" vor Leichtsinn und Unvernunft. Hier wie dort war es allerdings deutlich schwieriger als noch im Frühjahr, die Menschen zum Mittragen der Maßnahmen zu bewegen.

Wenn sowohl Argumente als auch die Bereitschaft fehlen, getroffene Entscheidungen für die Bevölkerung transparent darzulegen, hilft oft nur der Griff in die Erziehungskiste früherer Generationen: Drohte man unfolgsamen Kindern früher mit dem schwarzen Mann, bösartigen Hexen und anderem Ungemach, sollten uns jetzt Androhungen von Triage, Tod und jahrelangem Siechtum gefügig machen. In der Erziehungswissenschaft ist dieses Phänomen seit den 1970er Jahren als „schwarze Pädagogik" bekannt: Gemeint ist damit eine Art der Erziehung, die darauf ausgerichtet ist, Kinder „mit Hilfe offener oder verborgener Machtausübung und Erpressung zum gehorsamen Menschen zu machen" (Definition lt. Stangl-Online Lexikon für Psychologie und Pädagogik). Zum Einsatz kommen dabei unter anderem Manipulation, Verschleierung und Ängstigung – kommt uns das nicht irgendwie bekannt vor?

Zum Schüren und Aufrechterhalten von Angst in der Bevölkerung zu Erziehungszwecken können Sprache und Wortwahl ganz entscheidend beitragen. Der bereits erwähnte sprachliche Absolutismus, bei dem der Konjunktiv völlig abgeschafft wurde, ist eine Sache – eine andere ist die inflationäre Verwendung dramaturgisch wertvoller Adjektive, um den Ernst der Situation zu verdeutlichen.

Ein Lieblingswort des ersten „Pandemie-Gesundheitsministers" war sicherlich „dramatisch": Im November 2020 waren die Neuinfektionszahlen mit etwa 6.000 pro Tag „dramatisch hoch", kurz darauf ortete er eine Stabilisierung der Lage, die Zahlen müssten aber weiter „dramatisch sinken". Im März 2021 bezeichnete er die Situation mit 537 Menschen auf Intensivstationen als „teilweise dramatisch", in einer Aussendung des Gesundheitsministeriums zur angeordneten Osterruhe am 31.03.2021 sind die „Prognosen dramatisch", es wurden von den Ländern „dramatisch hohe 3.687 Neuinfektionen" eingemeldet, die Ostregion ist davon „besonders dramatisch" betroffen, die neuen Prognosen zeigen eine „dramatische Fortsetzung", was für die Bundesländer in der Ostregion eine „absolut dramatische" Überlastung der Intensivstationen bedeuten würde. [5]

Die Vorliebe für das Wort „dramatisch" scheint auf den nachfolgenden Gesundheitsminister übergegangen zu sein, auch wenn dieser es mit den Zahlen manchmal nicht so genau nahm: Ende November 2021 war nach seiner Aussage die Lage dramatisch und „die Intensivstationen in der Pandemie noch nie so voll wie heute". Mit 642 Patienten auf Intensivstationen waren diese zwar tatsächlich am Rande der errechneten systemkritischen Auslastung, vom Höchststand an Intensivpatienten am 25.11.2020 mit 709 intensivpflichtigen Patienten waren sie aber doch deutlich entfernt.

Ein weiteres Lieblingswort in der Pandemie ist „alternativlos". Schon im ersten Lockdown im März 2020 gab es laut Bundeskanzler Kurz „keine Alternative" zu den Corona-Maßnahmen, im zweiten Lockdown im November 2020 waren Ausgangsbeschränkungen und Schließung der Gastronomie ebenso „alternativlos" wie im November 2021. SPÖ-Chefin Pamela Rendi-Wagner schlägt im März 2020 in dieselbe Kerbe: Die Maßnahmen wären streng, „aber aus medizinischer Sicht alternativlos". Dass es sehr wohl auch anders gegangen wäre, zeigt das Revoluzzerland Schweden, das ganz ohne Ausgangsbeschränkungen und Lokalsperren durch die Pandemie kam.

„Leider alternativlos" war laut Gesundheitsminister Mückstein auch die im November 2021 eingeführte Impfpflicht, der selbst die meisten Experten bereits am Tag ihrer Geburt ein baldiges Ableben prognostizierten. Mit Omikron war dann klar, dass eine „kontrollierte Durchseuchung mehr oder weniger alternativlos" sein würde (O-Ton Komplexitätsforscher Peter Klimek), was Politik und Medien aber nicht daran hinderte, Impfung und Impfpflicht weiterhin als alternativlos hinzustellen.

Auch auf Übertreibungen und haltlose Behauptungen griffen Medien, Politik, aber auch manche Wissenschaftler immer wieder gerne zurück, um den Angstlevel in der Bevölkerung auf einem konstant hohen Level zu halten. Unvergessen sind beispielsweise die von einer namhaften Virologin im November 2021 für die nächsten sechs Monate prognostizierten „3G's": „… dann ist man entweder geimpft, genesen oder gestorben". Was diese Vorhersage für Menschen bedeutete, die sich aus gesundheitlichen Gründen nicht impfen lassen konnten und ohnehin schon große Angst vor einer Infektion hatten, kann man nur erahnen.

Geschickt lancierte Hiobsbotschaften erfüllten immer wieder ihren Zweck, da die früher oder später folgenden Richtigstellungen in der Regel schon in der nächsten Katastrophenmeldung untergingen.
Als etwa zu Beginn der Impfungen das Ende der Pandemie in greifbare Nähe zu rücken schien, wurde in den Medien groß über das Auftauchen neuer Varianten berichtet. Den Anfang machte B.1.1.7, auch als „Alpha"- oder „Britische Variante" bezeichnet: Im März 2021 las man in der Presse „Britische Variante ansteckender und tödlicher", auch der damalige Gesundheitsminister sagte, die britische Variante sei ansteckender und führe zu „deutlich schwereren Krankheitsverläufen", auch bei jüngeren Betroffenen. Im April 2021 dann die Entwarnung: Die Britische Variante sei doch nicht tödlicher.

Da hing allerdings bereits das Damoklesschwert der indischen Variante („Delta-Variante") über uns, die „ansteckender ist und möglicherweise zu einem erhöhten Risiko für eine Hospitalisierung führt". Im August

2021 heißt es in beinahe allen Medien „Delta verdoppelt das Risiko, ins Krankenhaus zu müssen". Diese aus einer britischen Studie gezogenen Folgerungen wurden später weder eindeutig bestätigt noch dementiert, die Zahlen sprechen aber eine andere Sprache: Trotz höherer Infektionszahlen lagen in Österreich sowohl die Anzahl der Hospitalisierten als auch die Zahl der Todesfälle deutlich unter denen vom November 2020. Dabei muss natürlich berücksichtigt werden, dass im Herbst 2021 ein Großteil der Menschen bereits durch Impfung und/oder Genesung (grund-)immunisiert war – von einem um das Doppelte erhöhten Risiko für eine Hospitalisierung kann aber auch bei Ungeimpften wohl kaum die Rede sein.

Noch während der vierten („Delta"-)Welle machte sich in Südafrika mit „Omikron" die nächste Mutation auf den Weg. Die Entdeckerin Angelique Coetzee berichtete im Februar 2022 in zahlreichen europäischen Medien, sie sei von (nicht näher benannten) europäischen Wissenschaftlern aufgefordert worden, nicht öffentlich zu erklären, dass es sich dabei um eine milde Erkrankung handle – vielmehr wurde sie gebeten zu sagen, es sei eine ernste Erkrankung, was sie aber abgelehnt habe. [6]

Demzufolge titelt eine große österreichische Tageszeitung im Dezember 2021 „Nicht nur ansteckender - Omikron-Erkrankung so schwerwiegend wie bei Delta" und empfiehlt als „einzigen Ausweg" die dreifache Impfung.
Selbst als man nicht mehr umhin konnte zuzugeben,

dass Omikron mildere Verläufe verursacht, wurde weiter eifrig Angst geschürt: „Milder Verlauf heißt nicht harmloser Verlauf" lässt uns eine regionale österreichische Zeitung wissen und weist auf mögliche organische Spätfolgen hin. Als die Menschen begannen, sich langsam mit dem Virus zu arrangieren und ihr normales Leben wieder aufzunehmen, wurde vehement vor der Sommerwelle, der Herbstwelle und dem kommenden Winter gewarnt … und ein Ende ist noch lange nicht in Sicht.

Um es noch einmal in aller Deutlichkeit zu sagen: Am Anfang der Pandemie mag eine strenge Vorgehensweise aufgrund fehlenden Wissens angebracht gewesen sein: In einer unübersichtlichen Lage ist Vorsicht besser als Nachsicht. Auch ist klar und verständlich, dass in einer derartigen Situation Fehler gemacht werden, auch in der Art und Weise der Kommunikation. All das könnte man Politikern, Medien und Wissenschaftlern nachsehen. Was man aber nicht nachsehen kann ist die Tatsache, dass während der letzten zweieinhalb Jahre aus Fehlern nichts gelernt wurde (oder nichts gelernt werden wollte) und Menschen wider besseres Wissen ganz bewusst in Angst gehalten wurden (und immer noch werden). Lassen wir dahingestellt, ob das aus Böswilligkeit, Machtgier, oder vielleicht nur aus dem Drang heraus passiert ist, keine Fehler zugeben zu müssen – das Abgleiten der Demokratie in die Phobokratie (Herrschaft durch bewusst geschürte Angst) sollte im 21. Jahrhundert in jedem Fall undenkbar sein. Es am eigenen Leib erfahren zu müssen, kann kritisch denkende Menschen jedenfalls ganz und gar verzweifeln lassen.

Corona und die Spätfolgen

Als ein Großteil der Bevölkerung zusehends zur Einsicht kam, dass eine Infektion mit Omikron früher oder später unvermeidbar sein würde und die Angst vor einer Ansteckung aufgrund der milderen Verläufe abnahm, brachten Politik und Medien unvorhersehbare Spätfolgen ins Spiel. Von Organschäden, Gehirnschwund und Long Covid auch bei milden Verläufen war da die Rede, und wiederum wurde die Impfung als einzig wirkungsvolles Mittel propagiert. Dass die Impfung praktisch keinen Einfluss auf Ansteckung und Übertragung hat, somit auch milde bis moderate Verläufe und deren mögliche Folgen nicht verhindern kann, störte da nicht – noch im Mai 2022 bewirbt die Bundesregierung die Impfung für Kinder ab 5 Jahren „zum Schutz vor Erkrankung und Spätfolgen".

Long Covid wird überhaupt sehr gerne ins Spiel gebracht, wenn es darum geht, die Angst vor einer Infektion aufrechtzuerhalten. Nun ist die Bekämpfung eines Virus immer Schwerarbeit für den Organismus, und es ist normal, dass er sich davon eine Weile erholen muss – selbst eine an sich harmlose Magen-Darm-Infektion kann den Körper empfindlich schwächen. Wochen oder sogar Monate anhaltende Schwächezustände, die bis zur völligen Erschöpfung reichen und die Lebensqualität massiv einschränken, kennt man schon seit vielen Jahren als „Chronic Fatigue Syndrome" (CFS). Der genaue Auslöser ist noch unbekannt, man weiß allerdings, dass diesem Krankheitsbild in der Regel ein viraler Infekt vorausgeht. Insbesondere der Epstein-

Barr-Virus (Erreger des Pfeifferschen Drüsenfiebers), bestimmte Enteroviren und auch Grippeviren sind offenbar in der Lage, das chronische Erschöpfungssyndrom zu verursachen. Obwohl von CFS weltweit etwa 17 Millionen Menschen betroffen sind und die Erkrankung seit 1969 von der WHO als neurologische Erkrankung eingestuft wird, ist sie in der Öffentlichkeit kaum bekannt. Selbst Mediziner taten sich vor nicht allzu langer Zeit mit der Diagnose oft schwer: So wurden Betroffene häufig als „Simulanten" abgetan oder die Symptome als „psychisch bedingt" bezeichnet. [7]

CFS ist sicher keine Erkrankung, die man bekommen möchte oder einem anderen wünscht. Da uns virale Erkrankungen aber immer begleiten werden, müssen wir auch mit ihr als mögliche Folge eines Virusinfekts leben – was wir bisher schon getan haben, ohne uns dessen bewusst zu sein. Allerdings bleibt die Hoffnung, dass durch den hohen Bekanntheitsgrad von Long Covid die Forschung in diesem Bereich intensiviert wird und möglicherweise erfolgsversprechende Behandlungsansätze gefunden werden.

Neben Erschöpfung und Müdigkeit werden Long Covid eine Reihe von weiteren Symptomen zugeordnet: Dazu gehören etwa Atembeschwerden, Störungen des Geruchs- und Geschmackssinns, Magen-Darm-Probleme, Kopfschmerzen, Muskel- und Gelenkschmerzen, Herz-Kreislauf-Beschwerden, Hautprobleme, Durchblutungs- und Gerinnungsstörungen, Depressionen, Angststörungen, Schlaflosigkeit und viele mehr. Die Vielzahl an möglichen Beschwerden und die Tatsache, dass diese oft erst einige Wochen nach der Infektion auftreten, macht es schwer, Long Covid eindeutig zu diagnostizieren, denn Korrelation muss nicht immer gleichbedeutend mit Kausalität sein. Jede nach einer Infektion auftretende Erkrankung pauschal auf das Virus zurückzuführen, kann sicher nicht die Lösung sein (auch wenn unbestritten zu sein scheint, dass eine SARS-CoV-2-Infektion die verschiedensten Organsysteme beeinflussen kann). Wie wir wissen, können auch Angst und langanhaltender Stress eine Reihe ähnlicher Beschwerden hervorbringen – eine sorgfältige Differenzierung wäre hier vonnöten.

In einer Studie der Universitätsklinik Eppendorf (Hamburg) wurden Ende 2021 443 ungeimpfte Personen im Alter von 45 bis 74 Jahren untersucht, die im Jahr 2020 mild bis moderat an Corona erkrankt waren. Im Vergleich zu nicht an Covid Erkrankten stellte man eine Abnahme der Herz-Pumpkraft von ein bis zwei Prozent, eine Abnahme der Nierenfunktion um etwa zwei Prozent sowie eine vermindertes Lungenvolumen um etwa drei Prozent festgestellt. Zwei- bis dreifach häufiger zeigten sich Zeichen zurückliegender Beinvenenthrombosen, die Untersuchung von Gehirnstruktur und -leistung ergab keine Unterschiede zur Kontrollgruppe. In Bezug auf die Lebensqualität berichteten Betroffene über keinerlei Beeinträchtigungen, die verminderte Organleistung blieb in der Regel unbemerkt. [8]

Nun klingen Berichte über Organschäden durch das Virus zuerst einmal besorgniserregend. Liest man genauer, bemerkt man, dass diese Beeinträchtigungen im sehr niedrigen Prozentbereich angesiedelt sind und von den Betroffenen nicht einmal wahrgenommen werden. Auch wusste bisher niemand, ob sich andere Virusinfektionen wie etwa die Grippe möglicherweise auch auf die Organfunktionen auswirken – weil es vergleichbare Studien schlicht nicht gab. Eine im Juni 2022 veröffentlichte dänische Studie zeigt nun, dass neurodegenerative Erkrankungen wie etwa Alzheimer, Parkinson oder Gehirnblutungen nach COVID-19, der Grippe und bakteriellen Lungenentzündungen etwa gleich oft auftraten. Lediglich ischämische Schlaganfälle (Hirninfarkte) kamen nach COVID-19 öfter vor als nach anderen Atemwegserkrankungen.[9]

Die an der Hamburger Studie beteiligten Wissenschaftler raten Erkrankten, sich sechs bis neun Monate nach einer Coronainfektion gründlich durchchecken zu lassen, um mögliche Beeinträchtigungen frühzeitig zu erkennen. Das kann sicher nicht schaden, allerdings sollten auch nicht an Corona Erkrankte (insbesondere im Alter der Studienteilnehmer) ihren Gesundheitszustand regelmäßig überprüfen lassen, da sich naturgemäß mit zunehmendem Alter die ein oder andere Störung einstellen wird – auch ohne vorangegangenen Virusinfekt.

Für Schlagzeilen in nahezu allen Medien sorgte im März 2022 eine Studie der britischen Universität Oxford: „Covid lässt das Gehirn schrumpfen". Untersuchungen ergaben dabei tatsächlich eine signifikante Veränderung in bestimmten Hirnarealen sowie einen generellen Verlust an Hirnsubstanz nach einer COVID-Erkrankung. Laut dem Schweizer Infektiologen Andreas Cerny lässt sich daraus aber nicht ableiten, dass eine COVID-Erkrankung generell eine verminderte Gehirnleistung zur Folge hat: „Von COVID-19 verursachte Hirnschäden sind zwar eine Tatsache, jedoch von der Virusvariante, dem Schweregrad der Erkrankung, dem Alter und den Vorerkrankungen der Betroffenen abhängig." Die Studie fand zudem lange vor Omikron statt, und es ist nicht erwiesen, dass die derzeit vorherrschende Variante zu einer signifikanten Veränderung der Gehirnleistung führt.

Fazit: Organschäden durch SARS-CoV-2 sind möglich, aber sicher nicht die Regel. Wie häufig sie tatsächlich vorkommen, wird noch eingehend erforscht werden müssen. Insbesondere zu Omikron liegen in Bezug auf Langzeitfolgen noch nicht viele belastbare Daten vor; einiges deutet aber darauf hin, dass Long Covid seltener auftritt als bei früheren Varianten. [10]

Corona und der Tod

Eigentlich wissen wir alle, dass wir früher oder später einmal sterben müssen, wir denken nur nicht permanent daran. Mit Corona änderte sich das: Der Tod wurde plötzlich omnipräsent, konnte jeden von uns treffen. Die natürliche Angst vor Erkrankung und Tod wurde durch Politik und Medien noch verstärkt: Wer erinnert sich nicht an die Bilder von Särgen aus Bergamo, Menschen in Schutzkleidung, die Straßen desinfizierten in China oder die mit Grabesstimme prognostizierten 100.000 Toten in Österreich. Unser Fokus richtete sich ganz und gar auf Corona, der tägliche Blick aufs Dashboard wurde zur Routine und andere Krankheiten und Gefahren des täglichen Lebens nahezu ausgeblendet. Plötzlich wurden Erkrankung und Tod zum Feind, den es um jeden Preis zu bekämpfen galt, denn jeder Coronatote war einer zu viel. Maßnahmen mussten her, je strenger, umso besser, und es war völlig egal, welche negativen Auswirkungen diese auf die psychische und physische Gesundheit der Menschen haben würden. Es schien, als dürfe man während der Pandemie an allem sterben, nur eben nicht an Corona.

Wenn ein noch rüstiger über 80jähriger Mensch einen Herzinfarkt oder Schlaganfall erleidet und nach einer Woche auf der Intensivstation stirbt, ist das traurig, wird aber akzeptiert – in diesem Alter muss man schließlich jederzeit mit dem Tod rechnen. Niemand käme auf die Idee zu hinterfragen, ob der Tod vermeidbar gewesen wäre oder jemand die Schuld daran trägt.

Erkrankt aber ein noch rüstiger über 80jähriger Mensch an Corona und stirbt nach einer Woche auf der Intensivstation, hätte das vermieden werden müssen – ohne Corona hätte er vielleicht noch viele schöne Jahre vor sich gehabt, und an seinem Tod sind wahlweise Coronaleugner, Ungeimpfte oder der Bundeskanzler schuld.

Aus einem Bericht über Nebenwirkungsmeldungen der COVID-19 Impfung im Zeitraum 27.12.2020 bis 11.02.2022 des Bundesamtes für Sicherheit im Gesundheitswesen geht hervor, dass in diesem Zeitraum 263 Menschen im zeitlichen Zusammenhang mit einer Impfung starben. Bei 7 Todesfällen konnte ein Zusammenhang mit der Impfung ausgeschlossen werden, 200 Fälle waren zum Zeitpunkt der Berichtserstellung noch in Abklärung. 34 Verstorbene litten an schwerwiegenden Vorerkrankungen, „die vermutlich todesursächlich waren". Weiters wird erklärt: „Da speziell am Beginn der Impfaktion hauptsächlich hochbetagte Personen geimpft wurden, war damit zu rechnen, dass in einem zeitlichen Zusammenhang mit der Impfung auch natürlich bedingte, d.h. nicht impf-bedingte gesundheitliche Ereignisse erwartungsgemäß auftreten. Der Erwartungswert der Zahl der Todesfälle eine Woche nach Impfung beträgt bei Risikopersonen im Alter von 80 Jahren und älter 3,5 pro 1000. Basierend auf dieser sogenannten Hintergrundinzidenz ist mit einem Todesfall pro 290 Personen dieser Altersgruppe innerhalb einer Woche, unabhängig von einer Impfung, zu rechnen".

Stirbt ein schwerwiegend vorerkrankter Mensch also im zeitlichen Zusammenhang mit einer Coronainfektion, geht er als „Coronatoter" in die Statistik ein (der hätte vermieden werden können/müssen). Stirbt er im zeitlichen Zusammenhang mit der Impfung, gilt die Vorerkrankung als Todesursache, und der Tod wird klaglos akzeptiert.

Stirbt ein hochbetagter Mensch im zeitlichen Zusammenhang mit einer Coronainfektion, geht er ebenso als Coronatoter in die Statistik ein. Stirbt er im zeitlichen Zusammenhang mit der Impfung, war sein Tod aufgrund des hohen Alters statistisch zu erwarten.

Es sterben täglich (auch junge) Menschen bei Unfällen oder an den Folgen akuter oder chronischer Erkrankungen. Manche Todesfälle waren vielleicht durch eigenen Leichtsinn oder die Unvorsichtigkeit anderer bedingt, andere wären möglicherweise durch einen gesünderen Lebensstil oder bessere ärztliche Betreuung vermeidbar gewesen. In allen Fällen hätte der Mensch noch eine Reihe schöner Jahre vor sich gehabt, wenn das zum Tode führende Ereignis nicht eingetreten wäre. Für die Hinterbliebenen ist der plötzliche Tod eines nahen Angehörigen in jedem Fall schrecklich, besonders der unerwartete Tod junger Menschen ist immer eine Tragödie. Auch hier fällt die Akzeptanz oft schwer, in vielen Fällen wird ein Schuldiger gesucht. Dennoch wird der Tod nach einiger Zeit als schicksalhaft akzeptiert. Nur bei Corona ist das anders.

Jährlich sterben in Österreich etwa 20.000 Menschen

an einer Krebserkrankung, 32.000 an Herz-Kreislauferkrankungen. Dafür gibt es keine Dashboards, keine Taskforce, diese Zahlen werden nicht täglich durch die Medien gejagt. Wie viele dieser Erkrankungen werden wohl durch Umwelteinflüsse verursacht und wären möglicherweise vermeidbar? So richtig interessiert sich dafür niemand.

Etwa 5.000 Menschen in Österreich sterben jährlich an den Folgen einer Infektion mit antibiotikaresistenten Keimen, die sie sich in einem Krankenhaus zugezogen haben. Lt. einer Aussage der Österreichischen Gesellschaft für Krankenhaushygiene (ÖGKH) aus dem Jahr 2019 kann eine verbesserte Händehygiene die Übertragung von Keimen um 50 % reduzieren – „vor Corona" gab es zwar derartige Konzepte, die Umsetzung war aber nicht verpflichtend und wurde entsprechend lax gehandhabt. Noch gibt es keine offiziellen Untersuchungen, ob sich seit der Pandemie durch die verschärften Hygieneregeln die Übertragung resistenter Keime verringert hat. Es wäre zu hoffen (und einer der wenigen positiven Nebeneffekte der Maßnahmen).

Auch an der Grippe sterben in Österreich jährlich mehrere hundert, manchmal auch mehrere tausend Menschen. Während der starken Grippewelle 2016/2017 verloren in Österreich geschätzt etwa 4.500 Menschen durch die Influenza ihr Leben – genaue Zahlen gibt es nicht, da Grippe nicht meldepflichtig ist und durch Grippeviren verursachte Todesfälle nicht immer als solche diagnostiziert werden. Während der Corona-Pandemie blieb die jährliche Grippewelle weitgehend aus, was wohl zum großen Teil auf Kontaktbeschränkungen, Abstandsregeln und Maske zurückzuführen ist. Ergo könnte man durch diese Maßnahmen jedes Jahr hunderte bis tausende Todesfälle verhindern – warum tat man das bisher nicht, wenn doch „jedes Leben zählt"?

Ebenso könnte der Tod von weltweit jährlich drei Millionen unterernährten Kindern bei einer gerechteren Verteilung der Ressourcen leicht vermieden werden. Hier gibt es keinen Aufschrei der Empörung, keinen Ruf nach dem Schutz der vulnerablen Gruppen. Solidarität mit den Schwächeren endet nicht nur hierzulande leider allzu oft gleich hinter der eigenen Nasenspitze.

Politik, Medien, aber auch Virologen und sonstige Experten wurden nicht müde darauf hinzuweisen, dass praktisch jeder an Corona sterben könne. Das ist einerseits natürlich richtig, bei anderen Erkrankungen aber nicht anders: Theoretisch kann jeder, auch ein Kind oder junger Mensch, an akutem Herzversagen, Krebs oder einem Schlaganfall sterben – praktisch ist die Wahrscheinlichkeit allerdings verschwindend gering. Je älter man wird, desto stärker steigt das Erkrankungs- und damit auch das Sterberisiko an.

So ist es auch bei Corona: Etwa 75 % der bis Mai 2022 an (oder mit) Corona verstorbenen Personen waren über 75 Jahre alt, nicht einmal 1 % unter 35. In der Regel liegen bei schweren Verläufen Risikofaktoren vor (chronische Herz-, Lungen- oder Nierenerkrankungen, starkes Übergewicht, Diabetes), allerdings können möglicherweise auch noch unbekannte genetische Faktoren einen schweren oder tödlichen Verlauf begünstigen. Es ist also durchaus möglich, als junger und gesunder Mensch an COVID zu sterben – das Risiko ist in diesem Alter aber deutlich geringer, als bei einem Verkehrs- oder Freizeitunfall ums Leben zu kommen. Dennoch setzen wir uns alle täglich ins Auto, fahren Rad, wandern in den Bergen und treiben alle möglichen Arten von Sport, ohne uns permanent Sorgen um die damit verbundenen Gefahren zu machen. Wir leben seit Menschengedenken mit einer Vielzahl an Viren, Bakterien und anderen Krankheitserregern, ohne ständig darüber nachzudenken, welche (auch lebensbedrohlichen) Krankheiten sie eventuell bei uns auslösen könnten. Vor einer Infektion mit SARS-CoV-2 aber müssen wir um jeden Preis geschützt werden. Was, bitte, ist da mit unserer Wahrnehmung passiert?

Corona und die Impfung

Von Beginn der Pandemie an war für die österreichische Politik und deren beratende Experten klar, dass nur und einzig die Impfung die Pandemie würde beenden können. Die Geschwindigkeit, in der „sichere und wirksame" mRNA-Impfungen entwickelt und (bedingt) zugelassen wurden, verwunderte viele und warf naturgemäß Fragen auf. Wer an Sicherheit und Wirksamkeit zweifelte, wurde als Schwurbler und unsolidarischer Impfgegner abgetan, vor dem die Gesellschaft geschützt werden müsse – selbst als längst klar war, dass die Impfung keine sterile Immunität hervorrufen kann und die vielgepriesene Herdenimmunität eine Utopie bleiben wird.

Von anderer Seite wiederum wurden mögliche Gefahren der Impfung gezielt hochgespielt, ein französischer Virologe sagte angeblich gar das Ableben aller Geimpften innerhalb von zwei Jahren voraus. Nun ist – wie wir inzwischen alle wissen – die Impfung sicher nicht der hochgelobte „Gamechanger", von einer mörderischen Giftspritze dürfte sie aber ebenso weit entfernt sein. Wer sich kritisch mit dem Thema auseinandersetzen möchte, um für sich selbst eine Entscheidung für oder gegen die Impfung zu treffen, ist da oft überfordert: Es gibt zwar (von beiden Seiten) jede Menge Propaganda, aber nur wenige sachliche und objektive Informationen, die dem Durchschnittsbürger zugänglich und für ihn verständlich sind. Wie soll jemand, der nicht Medizin studiert hat, Fakt, Fake und Vermutungen im Wissenschaftschinesisch auseinanderhalten?

Einige Folder des Gesundheitsministeriums sollen aufklären und Fakten zur Impfung liefern. Leider nicht ganz objektiv, wie man an den folgenden Beispielen sieht:

Folder „Meine Corona-Schutzimpfung" (für alle Kinder ab 5 Jahren):
„Deine Impfung schützt dich vor dem Coronavirus. Corona kann uns krank machen. Zum Glück gibt es eine Impfung, die uns gut vor dem Virus und der Erkrankung schützen kann."
Nein. Die Impfung schützt NICHT vor dem Coronavirus. Sie schützt – wenn überhaupt – lediglich vor schwerer Erkrankung, von der Kinder von 5 bis 11 Jahren ohnehin äußerst selten betroffen sind.

Folder „Wissenswertes zur 3. Impfung":
„Wichtig zu wissen: Daten zeigen: Die 3. Impfung schützt auch gegen Omikron."
RKI (Stand 7.6.2022): „Studienergebnisse zeigen, dass die Wirksamkeit der COVID-19-Impfstoffe gegen jegliche Infektion mit Omikron gering ist und auch die Auffrischimpfung nur einen begrenzten Zeitraum gut vor der Infektion schützt".

„Daten zeigen, dass geimpfte Personen eine geringere Viruslast haben und somit weniger ansteckend sind als ungeimpfte Personen."
Eine im April 2022 publizierte Studie der Universität Genf zeigt tatsächlich, dass dreifach Geimpfte, die sich mit Omikron infiziert hatten, eine geringere Viruslast

aufwiesen als Ungeimpfte. Die Erfahrungen in der O-mikron Welle Anfang 2022 zeigen aber, dass sich sehr wohl auch dreifach Geimpfte untereinander anstecken können, auch die Symptomatik unterscheidet sich in vielen Fällen nicht wesentlich von der bei Ungeimpften.

„Bis ausreichend viele Menschen geimpft sind, müssen Schutzmaßnahmen wie das Tragen eines Mund-Nasen-Schutzes sowie Abstands- und Hygieneregeln eingehalten werden".
Wie viele sind „ausreichend viele" Menschen, und was soll mit den Schutzmaßnahmen erreicht werden? Das Gesundheitssystem nicht zu überlasten, jegliche Infektion zu verhindern, das Virus auszurotten?

„COVID-19 ist gefährlich, die Impfung schützt. Es müssen nachweislich mehr ungeimpfte Menschen im Krankenhaus gegen COVID-19 behandelt werden als aufgrund von Impfkomplikationen."
Das müsste man tatsächlich exakt nachprüfen können. Leider unterscheidet das Dashboard bis heute nicht zwischen geimpften und ungeimpften Hospitalisierten - entsprechende Daten waren bis August 2022 entweder nicht vorhanden oder nicht öffentlich zugänglich. Auch wurde vor September 2022 nicht dokumentiert, ob „COVID-Patienten" im Krankenhaus tatsächlich wegen COVID dort lagen, oder die Diagnose lediglich ein Nebenbefund war. Seit 01.09.2022 gibt das „COVID-Register" (https://datenplattform-covid.goeg.at/covid-19-register) zumindest teilweise darüber Auskunft. Weitgehend im Dunklen bleibt jedoch, wie viele Menschen aufgrund von Impfkomplikationen stationär be-

handelt werden müssen. Der Nebenwirkungsbericht der BASG vom 11.02.2022 weist 2.210 PatientInnen aus, bei denen ein stationärer Aufenthalt im zeitlichen Zusammenhang mit einer COVID-19-Impfung nötig war. Es ist aber zu befürchten, dass schwerwiegende Impfnebenwirkungen (wie etwa Herzmuskelentzündungen, Autoimmunerkrankungen, neurologische Erkrankungen, Schlaganfälle oder Thrombosen) nicht immer als solche erkannt oder deklariert werden, selbst wenn sie in zeitlicher Nähe zur Impfung auftreten.

„Die Impfung schützt auch vor möglichen Langzeitfolgen der Erkrankung COVID-19".
Lt. einer neueren Studie der Universität Washington reduziert die Impfung das Risiko, Long-Covid zu entwickeln, nur um ca. 15 %. Die Studie fand allerdings vor Omikron statt, auch der Einfluss der dritten Impfung wurde nicht erhoben.
Eine im Mai 2022 veröffentlichte Studie der Universität Oxford ergab für zweifach Geimpfte ein Long-Covid-Risiko von 15,9 % bei der Delta- und 8,7 % bei der Omikron BA.1-Variante. Bei dreifach geimpften Personen wurde das Risiko bei Delta auf 7,4 %, bei Omikron BA.1 auf 8 % und bei Omikron BA.2 auf 9,1 % beziffert. Ungeimpfte, Genesene und einfach Geimpfte wurden in der Studie nicht berücksichtigt.[11]
In seltenen Fällen kann auch die Impfung Long-Covid-typische Symptome hervorrufen, was dann als „Post-Vac-Syndrom" bezeichnet wird. Genauere Untersuchungen und aussagekräftige Zahlen dazu gibt es noch nicht.
Fazit: Die Impfung kann vor möglichen Langzeitfolgen

schützen, wenn man Glück hat. Hat man Pech, schützt sie nicht. Hat man ganz viel Pech, löst sie selbst jene Langzeitfolgen aus, vor denen sie eigentlich schützen sollte.

Die Impfung spaltet auch die Experten. Fragt man fünf Fachleute nach ihrer Meinung, kommen nicht selten sechs verschiedene Meinungen heraus.

Einig sind sich die Experten im Großen und Ganzen nur darin, dass eine dreifache Impfung relativ gut gegen schwere und tödliche Verläufe schützt – wenn der Körper nach der Impfung entsprechend Antikörper aufgebaut hat, was ein halbwegs intaktes Immunsystem voraussetzt. Immungeschwächte Menschen, die den Schutz besonders brauchen würden, bauen häufig keine oder eine unzureichende Immunantwort auf. Immunstarke Menschen werden allerdings mit Infektionen in der Regel – die manchmal durch die Ausnahme bestätigt wird – recht gut fertig. Daraus könnte man folgern, dass die Impfung vor allem jene Menschen gut gegen schwere Verläufe schützt, die auch ohne Impfung nur ein geringes Risiko für einen solchen hätten. Bei durch Krankheit oder Alter immungeschwächten Menschen wird es aber trotz Impfung auch in Zukunft immer wieder zu schweren Verläufen und auch Todesfällen kommen.

Trotz groß angelegter Impfkampagnen hat man es sowohl in Österreich als auch in Deutschland leider versäumt, belastbare Daten zu Impfwirkung und Impfschutz zu generieren. In beiden Ländern wurden BewohnerInnen von Alten- und Pflegeheimen Anfang 2021 publikumswirksam unter großem medialen Getöse geimpft. In einer im November 2021 veröffentlichten Studie des Universitätsklinikums Frankfurt am Main wurde die Immunantwort von über 75jährigen BewohnerInnen von Langzeitpflegeeinrichtungen untersucht, deren zweite BIONTEC-Impfung fünf bis sieben Monate zurücklag. Ergebnis: Bei 90 % der SeniorInnen konnten keine neutralisierenden Antikörper nachgewiesen werden. Die Studienautoren folgern daraus, dass BewohnerInnen von Langzeitpflegeeinrichtungen (sowie auch deren Personal, das die Kontrollgruppe darstellte und ebenso, aber weniger gravierend unter Antikörperschwund litt) sechs Monate nach der zweiten Dosis eine Auffrischimpfung erhalten sollten. Leider kann man aus der Studie aber nicht herauslesen, ob die betagten Menschen überhaupt jemals eine Immunantwort aufgebaut hatten, und wenn ja, wie lange diese anhielt – auf eine Überprüfung des Impferfolges wurde nämlich weder in Deutschland noch in Österreich jemals Wert gelegt.

Von Beginn an war in Österreich nur wichtig, viele Menschen in möglichst kurzer Zeit zu impfen. Als Belohnung durften die Geimpften im Sommer 2021 ohne Test ins Gasthaus, ins Kino oder ins Freibad, während „Impfverweigerer" ein tagesaktuelles negatives Testergebnis vorzeigen mussten. Als im Herbst statt „3G" nur noch „2G" galt, hatten (nunmehr doppelt) Geimpfte immer noch Narrenfreiheit – nicht ein einziges Mal wurde hinterfragt, wie viele der Geimpften tatsächlich über neutralisierende Antikörper verfügten, während ungeimpften und nicht offiziell (oder schon vor zu langer Zeit) Genesenen trotz nachgewiesener hoher Antikörperwerte die Teilnahme am sozialen Leben in vielen Bereichen verwehrt blieb. Auf die Spitze getrieben wurde diese Farce mit dem Lockdown für Ungeimpfte, der verpflichtenden dritten Impfung (selbstverständlich auch ohne vorherige Antikörperkontrolle) und der pauschalen Herabsetzung des Genesenen-Status auf ein halbes Jahr.

„Impfrate" und „Immunisierungsrate" wird in Österreich stets munter vermischt: Dabei bezeichnet im amtlichen Sprachgebrauch sowohl das eine als auch das andere lediglich die gerade aktuelle Anzahl der gültigen Impf- oder Genesenenzertifikate, deren Gültigkeitsdauer vom Gesundheitsministerium völlig willkürlich nach Gutdünken festgelegt und nach Belieben verändert wird.

Das Interesse daran, wie viele Menschen in Österreich tatsächlich immunisiert sind (also über neutralisierende Antikörper und/oder die ebenso wichtigen B- und T-Zellen verfügen), hält sich in Österreich sehr in Grenzen. Eine vom 30.11.2021 bis 13.01.2022 durchgeführte Seroprävalenzstudie mit 1.217 Teilnehmern ergab nachweisbare Antikörper bei 21,7 % der ungeimpften und nie offiziell erkrankten Probanden. Zum Zeitpunkt der Erhebung dürften also lediglich 16 % der Gesamtpopulation in Österreich (ca. 1,4 Mio. Menschen) keine nachweisbaren IgG-Antikörper gegen SARS-CoV-2 besessen haben und mindestens 84 % der Bevölkerung schon grundimmunisiert gewesen sein – und das vor der Omikron-Welle, die mit ziemlicher Sicherheit für eine Grundimmunisierung der restlichen „Immunnaiven" gesorgt haben dürfte.

Eine weitere Erhebung war für Mai/Juni 2022 geplant – ob diese durchgeführt wurde und zu welchem Ergebnis sie kam, ist nicht bekannt.[12]

In einer Anfrage ans das Gesundheitsministerium vom 05.07.2021 wird unter anderem gefragt, ob in Österreich flächendeckende Antikörpertests geplant wären: Die Antwort des damaligen Gesundheitsministers Mückstein lautete: „Nein, derzeit sind keine flächendeckenden Antikörpertests geplant. Die Gruppe der immunisierten Personen teilt sich auf in Genesene (mit bekannter stattgehabter Infektion oder unwissentlich stattgehabter Infektion) und Geimpfte. Geimpfte sind im E-Impfpass und wissentlich Genesene im EMS dokumentiert, wodurch diese Personengruppen nicht von dem Antikörpertestangebot profitieren würden (…)"

Zudem stellten sich hinsichtlich der Umsetzung „einige Hürden": „Aussagekräftige Antikörper, bei denen von einer neutralisierenden Wirkung ausgegangen werden kann (…), können ausschließlich im Rahmen eines Labortests inkl. venöser Blutabnahme erfolgen und die logistische Umsetzung wäre äußerst komplex."

(Vollständig nachzulesen unter: Anfrage Nr. 3881/J-BR/2021 des Bundesrates Steiner betreffend „pandemische Aussagekraft von Corona-Tests")[13]

Wie wir heute wissen (und uns im Juli 2021 schon hätten denken können), haben lange nicht alle Geimpften tatsächlich Antikörper ausgebildet, was man mit einer umfassenden Antikörperstudie leicht hätte herausfinden können. Logistik und Kosten der Antikörpertests ins Feld zu führen ist ohnehin glatter Hohn, wenn man bedenkt, dass bis Ende 2021 1,8 Milliarden Euro für PCR- und Antigentests ausgegeben wurden (ohne Betriebs- und Schultests). Auch der Aufwand für eine einmalige Blutabnahme und deren Auswertung im Labor hält sich sehr in Grenzen, wenn man ihn mit dem Aufwand für mehrmals wöchentliches (und staatlich gefördertes) PCR-Testen vergleicht. Flächendeckende (quantitative) Antikörpertests hätten während der gesamten Pandemie eine Menge wichtiger Daten bringen können: Wie viele neutralisierende Antikörper bilden Genesene im Schnitt aus, wie lange halten sie an, unter welchen Umständen werden keine Antikörper gebildet? Wie viele Antikörper werden nach der 1., 2., 3. Impfung im Schnitt gebildet, wie lange halten sie an, wer bildet weniger oder keine Antikörper (Stichwort Risikogruppen!)? Wie viele Ungeimpfte und nicht offiziell Genesene verfügen über Antikörper, von wie vielen Grundimmunisierten in der Gesamtbevölkerung kann man also ausgehen? All das hätte sowohl bei der Impfkampagne als auch bei den staatlich verordneten „Schutz"maßnahmen eine wichtige Rolle spielen können.

Dass es auch anders geht, zeigen Länder wie etwa Großbritannien: Dort werden seit Dezember 2020 laufend Antikörpertestungen bei zufällig ausgewählten Menschen durchgeführt, sorgfältig ausgewertet und auf die Gesamtbevölkerung umgerechnet. Untersuchungen im Mai 2022 ergaben, dass schätzungsweise 99 % der über 16jährigen in Großbritannien eine signifikante Anzahl von Antikörpern über 100 BAU/ml aufweisen (Quelle: Office for National Statistics, 01.06.2022). Zur Erinnerung: Großbritannien schaffte bereits Anfang 2022 nahezu alle Maßnahmen und im März 2022 auch die Quarantänepflicht ab.

In Österreich wird immer wieder hervorgehoben, dass nur die Immunität durch Impfung eine gute Immunität sei und eine Infektion keine Impfung ersetzen könne. Studien aus Schweden, den USA und Katar[14] widerlegen das allerdings: Grund dafür ist das zelluläre Immungedächtnis, das nach einer einmal durchgemachten Infektion sogenannte B-Zellen und T-Zellen („Gedächtniszellen") zur Produktion von Antikörpern und Eliminierung virusinfizierter Zellen ins Rennen schickt. Während die Anzahl der Antikörper nach einem Kontakt mit dem Virus steil ansteigt, dann aber auch rasch wieder abfällt, bleibt die Anzahl der etwas später gebildeten B- und T-Zellen über einen langen Zeitraum relativ konstant und sinkt nur langsam ab – das Fehlen von Antikörpern weist daher nicht zwingend auf fehlenden Immunschutz hin. Wissenschaftler gehen von einer langanhaltenden Immunität von Genesenen über Monate, möglicherweise sogar über Jahre aus. Eine Studie aus Katar weist eine Schutzwirkung auch gegen symptomatische Omikron-Infektionen von etwa 60 % aus, die Effektivität einer dreifachen BIONTEC-Impfung wird mit 55 bis 80 % angegeben (Quelle: Deutsches Ärzteblatt 05/2022).

Viele andere Studien belegen, dass die stärkste und langanhaltendste Immunantwort aus einer Kombination von Impfung und Infektion ausgelöst wird[15] [16], unabhängig von der Reihenfolge. Re-Infektionen können dennoch immer wieder vorkommen, vieles weist aber darauf hin, dass diese deutlich milder verlaufen.

Für eine solide Grundimmunisierung der Bevölkerung ist die natürliche Immunisierung durch Infektion daher von gleichem, wenn nicht von größerem Nutzen als die Impfung – vor dieser Tatsache verschließt man in Österreich aber gekonnt und dauerhaft die Augen. Stattdessen warnt der Präsident der Österreichischen Gesellschaft für Infektionskrankheiten und Tropenmedizin noch im August 2022: „Wer sich nicht impfen lässt, wird auf der Intensivstation enden und über die Pathologie nach Hause gehen." Diese Aussage beweist einmal mehr, dass in punkto Lernfähigkeit hierzulande Hopfen und Malz verloren ist.

Angst vor Infektion vs. Angst vor der Impfung

Während die Angst vor einer Infektion nicht nur erwünscht ist, sondern sogar gezielt forciert wird, nehmen weder Politik noch Medien die Angst vieler Menschen vor der Impfung und ihren möglichen Nebenwirkungen ernst. Jeden Tag werden wir über die aktuelle Anzahl der Neuinfektionen, Anzahl der Hospitalisierten, Auslastung der Intensivstationen und an oder mit Corona Verstorbenen informiert, auch die Anzahl verabreichter Impfungen und die nationale und regionale Impfrate wird akribisch festgehalten. Dünner wird die Datenlage bei Menschen, die nach einer Infektion unter anhaltenden Symptomen leiden (Long Covid), praktisch nicht mehr vorhanden ist sie, wenn es um starke Impfnebenwirkungen und Impfschäden geht.

Das österreichische Bundesamt für Sicherheit im Gesundheitswesen (BASG) berichtet im Zeitraum 27.12.2020 bis 11.02.2022 über 47.373 Meldungen von vermuteten Nebenwirkungen im zeitlichen Zusammenhang mit der Coronaimpfung (bei knapp 18 Millionen verabreichten Impfdosen zum Zeitpunkt der Berichterstellung). In der Regel handelte es sich dabei um relativ harmlose und vorübergehende Symptome wie Kopfschmerzen, Fieber, Schmerzen an der Impfstelle, Müdigkeit, Gelenk- und Muskelschmerzen. Registriert wurden auch 766 systemische allergische Reaktionen und 1098 allergische Hautreaktionen, bei 323 PatientInnen trat eine Fazialisparese auf.
Wie bereits weiter vorne berichtet, starben 263 Menschen im zeitlichen Zusammenhang mit einer Impfung.

Bei 7 Todesfällen konnte ein Zusammenhang mit der Impfung ausgeschlossen werden, bei 2 Fällen wurde die Impfung als todesursächlich angesehen (durch Vakzin-induzierte immunthrombotische Thrombozytopenie, VTT). 200 Fälle waren zum Zeitpunkt der Berichterstellung noch in Abklärung, oder es gab keine weiteren Informationen. [17]

In Anbetracht der großen Anzahl an verabreichten Impfdosen scheinen diese Zahlen auf den ersten Blick nicht hoch zu sein. Aber sind sie auch verlässlich?

Eine über ein Jahr laufende Beobachtungsstudie der Berliner Charité ergab, dass offenbar weit mehr Menschen unter langanhaltenden Nebenwirkungen der Impfung (wie Muskel- und Gelenkschmerzen, Herzmuskelentzündungen, neurologischen Störungen und Überreaktionen des Immunsystems) leiden, als offiziell bekannt sind. Während das Paul-Ehrlich-Institut 0,2 Fälle schwerer Nebenwirkungen pro 1.000 Impfdosen erfasst, kommt die Beobachtungsstudie auf 8 Fälle pro 1.000 Impfdosen – eine Anzahl, die laut Studienleiter Professor Harald Matthes der anderer Länder wie Israel oder Schweden entspricht. Laut seiner Aussage sei das zentrale Problem, dass den Geschädigten nicht geglaubt oder ihre Beschwerden nicht mit der Impfung in Verbindung gebracht werden. Als Konsequenz fordert er – neben besseren Therapieangeboten – die Möglichkeit einer offenen Diskussion unter Medizinern und in der Öffentlichkeit, ohne als Impfgegner abgestempelt zu werden.
Die Analyse stieß auf viel Kritik, und auch die Charité

distanzierte sich aufgrund von „Zweifeln an Ergebnis und Methode" von den Aussagen des Studienleiters.

Lt. der WHO Datenbank Vigiaccess gingen bis Anfang Jänner 2022 weltweit nach einer COVID-19-Impfung 2.642.138 Verdachtsmeldungen auf Nebenwirkungen ein. Bei anderen Impfungen sind es deutlich weniger: In den Jahren 1968 – 2021 wurden 276.194 Nebenwirkungsmeldungen nach einer Grippeimpfung und 122.571 nach einer Polio-Impfung aufgenommen.[18]

Hört man sich um, berichten tatsächlich weit mehr Menschen über Nebenwirkungen nach einer COVID-19-Impfung als offiziell aufscheinen. Diese reichen von kurz- oder langanhaltenden Hautausschlägen über monatelange Schmerzen und Taubheitsgefühle im Arm, Zyklusstörungen, Schlafprobleme, Konzentrationsstörungen, Herzbeschwerden, anhaltende Müdigkeit bis hin zu plötzlichen Todesfällen scheinbar gesunder Menschen im zeitlichen Zusammenhang mit der Impfung. Zu Rate gezogene Ärzte nehmen die Beschwerden oft nicht ernst oder weigern sich, einen Zusammenhang mit der Impfung auch nur zu vermuten – eine offizielle Meldung und Untersuchung findet entsprechend nicht statt. [19]

Die einseitige Information und Berichterstattung über tatsächliche oder vermutete Nebenwirkungen der COVID-19-Impfstoffe ist nicht besonders hilfreich, wenn es um den Abbau von Ängsten geht. Insbesondere für junge Menschen ist die Entscheidung für oder gegen die Impfung schwer: Sie sind statistisch gesehen am stärksten von Nebenwirkungen betroffen, profitieren aufgrund des relativ geringen Risikos eines schweren Verlaufs aber am wenigsten von der Impfung. Abgesehen von objektiv nachweisbaren physischen Impfnebenwirkungen kann das Hineindrängen in eine Impfung, gegen die man starke Vorbehalte hegt, auch einen Nocebo-Effekt auslösen: Erwartet man nach der Impfung schlimme Nebenwirkungen, werden Körper und Seele in einen Alarmzustand versetzt, in dem tage- oder sogar wochenlang jede kleine Veränderung als Beginn einer Thrombose, einer Herzmuskelentzündung oder einer Autoimmunerkrankung interpretiert wird. Das erzeugt einen langanhaltenden Stresszustand und große Angst, was für die Betroffenen extrem belastend ist.

Viele durchaus begründete Bedenken wurden (und werden) von Politik und Wissenschaft von vorne herein für nichtig erklärt und vom Tisch gewischt. So wird immer wieder versichert, es könnten bei mRNA-Impfstoffen keine Langzeitfolgen auftreten. Dabei ist aber vieles noch ungeklärt: Eine Studie aus dem Jahr 2021 zeigt beispielsweise, dass der Impfstoff von BIONTEC/Pfizer „eine komplexe funktionelle Umprogrammierung der angeborenen Immunantworten auslöst".[20]
Das ist nun erst einmal nichts Ungewöhnliches, dieser Effekt tritt auch nach Infektionen oder anderen Impfungen auf. Von mRNA-Impfstoffen – die ja erst seit Corona in Gebrauch sind – kannte man diese Wirkung bislang allerdings nicht. Es ist daher nicht völlig auszuschließen, dass der Impfstoff ein Eigenleben entwickeln und das Immunsystem in eine unerwünschte

Richtung umprogrammieren könnte.

Auch die Sorge, der mRNA-Impfstoff könnte in die DNA des Menschen eindringen und diese quasi „umschreiben", wird als völlig unbegründet abgetan. Eine Anfang 2021 unter anderem vom Stammzellbiologen Rudolf Jaenisch (MIT Cambridge) publizierte Studie lässt dies bezweifeln: Der Wissenschaftler stellte fest, dass unter bestimmten Umständen die mRNA von Virus und Impfstoff in menschlichen Zellen in DNA umgewandelt und in den Zellkern aufgenommen werden konnte. Dies widerspricht der gängigen Lehrmeinung, dass mRNA grundsätzlich nicht ins Genom aufgenommen werden kann.[21][22]

Die Studie fand unter speziellen Laborbedingungen statt und beweist nicht, dass es unter normalen Umständen zur Aufnahme von mRNA ins Genom kommen kann. Sie zeigt aber, dass weitere Forschung dringend nötig ist, um die Wirkung der mRNA-Impfstoffe vollständig zu verstehen.

Selbst wenn viele Bedenken grundlos und Corona-Impfstoffe für sich gesehen relativ sicher sind, ist nicht vollkommen klar, was mehrfache Impfungen in kurzen Abständen bewirken können. Einige Experten vermuten, dass vielfaches Impfen zu einer Übersättigung des Immunsystems führen könnte: Eine Impfung bliebe dann ohne Reaktion, da die bereits vorhandenen Antikörper den vermeintlichen Erreger bereits eliminieren würden, bevor das Immunsystem darauf ansprechen könnte. Ob weitere Booster in diesem Fall nur unnötig oder möglicherweise sogar schädlich wären, ist noch nicht hinreichend erforscht.

Um eine möglichst hohe Immunreaktion hervorzurufen, raten viele Wissenschaftler zwischen der zweiten und dritten Impfung zu einer Pause von mindestens sechs Monaten – ein zweiter Booster (also eine vierte Impfung) wurde bisher nur für Risikogruppen empfohlen. Für diese können möglicherweise auch weitere, beispielsweise jährliche Auffrischungsimpfungen hilfreich sein – für jüngere Menschen ohne Vorerkrankungen sind wiederholte Boosterimpfungen aber umstritten.[23]
Dennoch empfiehlt das österreichische Nationale Impfgremium (NIG) Ende August 2022 völlig überraschend, wissenschaftlich unbegründet und einzigartig in Europa die vierte Impfung ab zwölf Jahren – und lässt damit die Bevölkerung einmal mehr ratlos und verwirrt zurück.

Wie man sieht, sind Corona-Impfstoffe und deren mögliche gesundheitliche Folgen doch noch nicht so eingehend erforscht, wie man uns glauben machen möchte. Es wäre daher wünschenswert, dass die Bedenken von Impfskeptikern ebenso ernst genommen würden wie die Angst vor dem Virus – leider wird zweiteres aber noch immer politisch und medial bestärkt, während ersteres ins Lächerliche gezogen und zeitweise sogar sanktioniert wird. Das ist nicht nur ungerecht, sondern auch verantwortungslos, unethisch und in höchstem Maße fragwürdig.

Corona und die Maßnahmen

Am Anfang der Pandemie war das Vertrauen in Politik und Medien noch groß, die Gesellschaft hielt zusammen, die Maßnahmen wurden mitgetragen. Das sollte nicht lange so bleiben.

Schon als im April 2020 die Maskenpflicht eingeführt und trotz sinkender Zahlen Ausgangsbeschränkungen und Schulschließungen beibehalten wurden, begannen sich manche Menschen Gedanken über die Sinnhaftigkeit mancher Maßnahmen zu machen und diese laut auszusprechen. Der Grazer Public-Health-Experte Martin Sprenger, der bis Ende März 2020 der Corona-Taskforce angehörte, bezeichnete etwa die Schließung von Parkanlagen als „nicht nachvollziehbar", was vom damaligen Bundeskanzler mit den Worten „Zum Glück höre ich nicht auf die falschen Experten" kommentiert wurde. „Richtig" war man als Experte schon in diesem Stadium offenbar nur, wenn man der von der Regierung vorgegebenen strengen Linie folgte – eine offene Diskussion über das Für und Wider einzelner Maßnahmen und deren soziale, psychologische und medizinische Folgen war von Beginn der Pandemie an nicht möglich.

Statt so viel wie nötig, aber so wenig wie möglich einzugreifen, setzte man in Österreich scheinbar auf das Gießkannenprinzip: „Wir machen jetzt alles was geht, dann wird schon das Richtige dabei sein." Es versteht sich von selbst, dass am Anfang einer Pandemie noch keine verlässlichen Erkenntnisse über die Wirksamkeit von Maßnahmen vorhanden sein können – im Laufe der Zeit könnte man sich aber ein fundiertes Wissen erarbeiten und aus Fehlern lernen. Man weiß aus der Arbeitssicherheit, dass zum Schutz der ArbeitnehmerInnen getroffene Maßnahmen immer wieder evaluiert, an veränderte Gegebenheiten angepasst und Schaden und Nutzen sorgfältig gegeneinander abgewogen werden müssen. Gleiches sollte auch für die doch sehr einschneidenden Maßnahmen zur Bekämpfung einer Pandemie gelten: In Österreich fand allerdings bis heute keine objektive und umfassende Evaluierung statt.

In der Schweiz wurde eine externe Evaluation über die Bewältigung der Corona-Maßnahmen bereits 2020 vom Bundesamt für Gesundheit (BAG) in Auftrag gegeben (Laufzeit bis März 2022). Insgesamt bestätigt die unabhängige Kommission der Regierung eine angemessene Reaktion auf die Krise, sieht aber in einigen Bereichen Verbesserungspotential bei der Krisenvorbereitung und beim Management der Krise. So lauten zwei Empfehlungen etwa „Dem Bund und den Kantonen wird empfohlen, die Gesundheitsversorgung im Pandemiefall verbindlicher zu regeln und zudem ganzheitlicher zu planen" und „Dem BAG wird empfohlen, Gesundheit auch im Falle einer Pandemie sowohl in der Planung als auch in der Umsetzung als ganzheitliche Herausforderung zu betrachten und zu bewältigen". In der Stellungnahme des BAG heißt es unter anderem, dass „der Begriff der „Gesundheit" breiter gefasst werden müsse: Bereiche außerhalb der Bekämpfung einer übertragbaren Krankheit – wie etwa die psychische Gesundheit – sind genauso relevant und müssen zukünftig stärker beachtet werden."[24]

Auch die deutsche Bundesregierung hat eine Expertenkommission mit der Evaluation der Coronamaßnahmen betraut. Ein Ergebnis lag Ende Juni 2022 vor und lieferte wenig Positives: Kritisiert wurden vor allem die fehlende Datenbasis, intransparente politische Entscheidungen sowie die fehlende Evidenz der getroffenen Maßnahmen. In Österreich scheint eine Evaluierung in nächster Zukunft weder geplant noch erwünscht zu sein – möglicherweise möchte sich aufgrund der katastrophalen Datenlage auch niemand diese Sisyphus-Arbeit antun. Dabei wäre es im Hinblick auf den kommenden Herbst und Winter äußerst wichtig zu wissen, welche Maßnahmen gut gewirkt haben, welche weniger, und welche sogar kontraproduktiv waren. Genau das bedeutet nämlich „Evidenz" in der Medizin: Der Nutzen einer therapeutischen Maßnahme muss wissenschaftlich erwiesen sein. Abgesehen von der Evidenz müssen Maßnahmen auch verhältnismäßig sein: Eine Maßnahme, die erwiesenermaßen schützend wirkt, ist nicht zielführend, wenn der durch sie angerichtete Schaden größer ist als ihr Nutzen. Ohne Evaluierung und umfassende Auswertung der bislang gesammelten Daten starten wir in den dritten Pandemieherbst und -winter ebenso im Blindflug wie in die beiden vorangegangenen – samt unnötiger Kollateralschäden, falls die Regierung den bisherigen Kurs überschießender Maßnahmen beibehält.

Nehmen wir zum Beispiel Kontaktbeschränkungen, Schulschließungen und Lockdowns: Auf den ersten

Blick eine sinnvolle Lösung, eine Pandemie einzudämmen – wenn sich Menschen nicht mit anderen treffen, kann sich auch niemand mit dem Virus infizieren. Nimmt man aber die sozialen, wirtschaftlichen und psychischen Folgen dazu, überwiegt der Schaden weit den Nutzen: Der Anstieg psychischer Erkrankungen insbesondere bei Kindern und jungen Menschen, Pleitewellen in Gastronomie, Handel und Tourismus und eine Fülle an gesundheitlichen Spätfolgen durch Bewegungsmangel und die Vernachlässigung von Vorsorge- und Kontrolluntersuchungen werden uns noch lange nach der Pandemie (falls sie wider Erwarten doch einmal enden sollte) beschäftigen.

Auch die immer wieder als das „gelindere Mittel" angepriesene FFP2-Maske ist nicht unumstritten: Die Deutsche Gesellschaft für Krankenhaushygiene (DGKH) empfiehlt FFP-2 Masken nur für den professionellen Bereich, da „ihr adäquater Gebrauch für die Bevölkerung neben der stärkeren Einschränkung der Atmung nicht gewährleistet ist, weil Voraussetzungen – wie im Arbeitsschutz verlangt – fehlen." Eine generelle Maskenpflicht für Kinder wird abgelehnt, weil „Kinder nicht zu den vulnerablen Gruppen gehören und die Verhinderung einer jeden Infektion als Fremdschutz für Erwachsene, die sich in Eigenverantwortung selbst schützen können, ungeeignet ist". In einer Stellungnahme der DGHK vom 07.07.2021 heißt es: „Dicht sitzende FFP-2 Masken erfordern eine erhöhte Atemarbeit, die von älteren Mitbürgerinnen und Mitbürgern, aber auch Menschen mit Atemwegserkrankungen nicht geleistet werden kann."[25]

Fazit: FFP2-Masken können schützen, allerdings nur, wenn sie korrekt getragen und regelmäßig gewechselt werden. Ist das nicht der Fall, sinkt die Schutzwirkung drastisch ab. Bei Kindern, älteren Menschen und Menschen mit Atemwegserkrankungen schaden sie unter Umständen mehr als sie nützen. Dazu kommt: Andere Nebenwirkungen der FFP2-Maske wie etwa Kopfschmerzen und Gesichtsdermatitis treten auch bei jungen, gesunden Menschen auf, zudem stört die Maske die Kommunikation und kann sich bei Kindern negativ auf die psychosoziale Entwicklung auswirken.

Eine Studie der Diplompsychologin Daniela Prousa vom Juli 2020 zu „psychologischen und psychovegetativen Beschwerden durch die aktuellen Mund-Nasenschutz-Verordnungen in Deutschland" spricht der Maske das Potenzial zu, „über entstehende Aggression starke psychovegetative Stressreaktionen zu bahnen, die signifikant mit dem Grad belastender Nachwirkungen korrelieren". Während Maßnahmenkritikern hierzulande gerne pauschal die Eigenschaften bildungsfern, unsozial und politisch nach rechts tendierend zugeschrieben werden, zeigt ihre Studie einen signifikanten Zusammenhang zwischen einem Belastungsempfinden durch den Maskenzwang mit den Merkmalen „hohes Gesundheitsbewusstsein, hohe kritische Geisteshaltung, sehr geringe Erkrankungsangst sowie Hochsensibilität/Hochsensitivität".
Zudem schreibt die Verfasserin: „Die Tatsache, dass ca. 60% der sich deutlich mit den Verordnungen belastet erlebenden Menschen schon jetzt *(im Juni/Juli 2020, Anm.)* schwere (psychosoziale) Folgen erlebt, wie eine

stark reduzierte Teilhabe am Leben in der Gesellschaft aufgrund von aversionsbedingtem MNS-Vermeidungsbestreben, sozialen Rückzug, herabgesetzte gesundheitliche Selbstfürsorge (bis hin zur Vermeidung von Arztterminen) oder die Verstärkung vorbestandener gesundheitlicher Probleme (posttraumatische Belastungsstörungen, Herpes, Migräne), sprengte alle Erwartungen der Untersucherin." Zu welchen Ergebnissen käme diese Studie wohl jetzt, zwei Jahre später?[26]

Dass eine korrekt getragene Maske im Gesundheits- und Pflegebereich hilfreich ist, um Infektionen besonders vulnerabler Menschen zu vermeiden, ist unbestritten. Es wäre vielleicht auch tatsächlich sinnvoll, in Zukunft während der Virensaison in bestimmten Situationen freiwillig eine Maske zu tragen – dazu müsste man sie aber als Schutz empfinden und nicht, wie es seit zwei Jahren passiert, als Zwang. Die Maske als „Gehorsamsfetzen" und ultimatives Symbol der Angst ist bei einem Großteil der Bevölkerung emotional viel zu negativ besetzt, als dass sie freiwillig und eigenverantwortlich getragen würde – selbst wenn der Hausverstand dazu rät. Weniger strenge Vorschriften und eine Empfehlung statt Zwang wären da weitblickender gewesen.

Was das Testen angeht, strebte Österreich schon im Frühjahr 2021 den Titel des Testwelt- oder zumindest Europameisters an. Mit Stand 04.07.2022 (Dashboard AGES) wurden in Österreich 190.769.123 Tests durchgeführt, davon waren 4.506.979 positiv, was einer Positivitätsrate von 2,36 % entspricht – 97,64 % der Tests zeigten also ein negatives Ergebnis an. Zum Vergleich: In Deutschland wurden bis Anfang Juli 2022 132,9 Millionen Tests durchgeführt, 25,2 Millionen davon waren positiv (Positivitätsrate 18,96 %). Die Unmengen an Tests in Österreich schlagen sich auch finanziell nieder: Im Jahr 2020 und 2021 wurden lt. Finanzministerium rund 2,6 Milliarden Euro für PCR- und Antigentests ausgegeben, 2022 sollen noch etwa 1,3 Milliarden dazukommen.[27] Wie wir bereits wissen, brachten die Massentestungen keinen sichtbaren Vorteil: Im Vergleich zu Ländern mit anderen Teststrategien weist Österreich weder niedrigere Infektions- noch niedrigere Todesfallzahlen auf.

Die Strategie der Massentestungen asymptomatischer und gesunder Menschen nahm in Österreich schon im Frühjahr 2021 mit Beginn der Eintrittstestungen seinen Lauf. Während sich in anderen Ländern Testungen auf Personen mit Symptomen, deren Kontaktpersonen und besonders vulnerable Gruppen (Gesundheits- und Pflegebereich) beschränkte, wurde in Österreich wieder nach dem Gießkannenprinzip verfahren: Testen wir alle so oft wie möglich, dann wird schon der ein oder andere positive Test dabei herauskommen.
Dabei wurde aber einiges übersehen: Der als „Gold-Standard" geltende PCR-Test wurde ursprünglich entwickelt, um bei symptomatischen Patienten den Verdacht einer Erkrankung zu bestätigen oder auszuschließen. Er war nie als alleiniges Mittel zur Diagnosestellung gedacht und ist dafür auch nicht geeignet: Ein positiver PCR-Test besagt lediglich, dass in einer Probe

mit hoher Wahrscheinlichkeit Fragmente des (aktiven oder inaktiven) SARS-CoV-2 Virus vorhanden sind. Ob der Getestete tatsächlich erkrankt oder infektiös ist, lässt sich daraus nicht mit Sicherheit ablesen. Umgekehrt besagt ein negativer PCR-Test nicht, dass der Getestete virusfrei ist. Um das Ergebnis eines PCR-Tests zu interpretieren, muss auch die Vortestwahrscheinlichkeit mit einbezogen werden: Hatte jemand engen Kontakt mit einem Infizierten oder weist spezifische Symptome auf, lässt ein positiver Test mit hoher Wahrscheinlichkeit auf eine Infektion schließen. Bei einem Menschen ohne Symptome oder näherem Kontakt zu Infizierten kann ein positiver PCR-Test tatsächlich ein Virusnachweis sein, oder eben auch nicht. Wie sicher man sich auf das Ergebnis des Tests verlassen kann, hängt auch von der Prävalenz, also dem Infektionsdruck in der Bevölkerung ab: Gibt es in der persönlichen Umgebung gerade sehr viele Infizierte, ist das Risiko, sich anzustecken groß – ein positiver Test ist dann mit höherer Wahrscheinlichkeit tatsächlich positiv, als in Zeiten mit geringem Virusaufkommen. Für Antigen-Schnelltests gilt das im Wesentlichen ebenso, allerdings sind diese von Natur aus weniger sicher und aussagekräftig.

Wiederholte (Massen)-Testungen symptomfreier Menschen ohne wissentlichen Kontakt zu Infizierten sagen daher nicht viel mehr aus als Kaffeesudlesen. Medizinisch sinnvoll wäre es, lediglich Menschen mit Symptomen und allenfalls Kranken- und Pflegepersonal mit engem Kontakt zu vulnerablen Gruppen regelmäßig zu testen – die damit eingesparten vielen Millionen Euro wären im Pflegebereich weitaus besser angelegt gewesen. Leider wurde man aber bereits zu Beginn der Massentestungen Anfang 2021 moralisch stark unter Druck gesetzt: Nur wer sich mindestens zwei bis drei Mal pro Woche testen lässt (auch ohne konkreten Anlass) ist auf der sicheren Seite und verhält sich verantwortungsbewusst – wer nicht testet, gefährdet sich und andere. Dass ein negativer Test keineswegs Sicherheit bietet, wurde geflissentlich ignoriert.

Abgesehen vom wirtschaftlichen Schaden durch unnötige Massentestungen ist jeder positive Test mit Angst und Stress verbunden. Während man früher mit einer Atemwegsinfektion einfach zum Arzt ging (oder zumindest die Möglichkeit dazu hatte) und sich dann Zuhause in aller Ruhe auskurierte, blieb man nach einem positiven Coronatest lange Zeit ganz und gar sich selbst, der Bürokratie und seiner Angst überlassen.

Infolge der permanenten Panikmache der letzten zweieinhalb Jahre ist ein positiver Test für viele Menschen zuerst einmal ein Schock, der Körper und Seele in einen Stresszustand versetzt. Wie schon bei der Impfung beschrieben, kann auch hier ein Nocebo-Effekt auftreten: Insbesondere bei von Natur aus ängstlichen oder zur Hypochondrie neigenden Menschen kann alleine ein positives Testergebnis Herzrasen, Zittern, Schwindel und Atemnot auslösen, selbst wenn sich der Betreffende vor dem Test völlig gesund gefühlt hatte. Danach folgen Tage intensiver Selbstbeobachtung, in denen auch die kleinste Veränderung des Befindens zur beginnenden Lungenentzündung oder einer anderen Komplikation fehlgedeutet werden kann. Da der Gang zum vertrauten Hausarzt zur Abklärung (und Beruhigung) nicht erlaubt ist, bleibt oft nur die Möglichkeit, sich mit der Rettung ins Krankenhaus bringen zu lassen – wie viele „coronabedingte" Krankenhauseinweisungen eigentlich auf das Konto von übersteigerter Körperwahrnehmung und Panikattacken gehen, werden wir wohl nie erfahren. Ebenso wenig, wie viele Menschen aufgrund eines falsch positiven Tests völlig unnötig in Angst versetzt wurden.

Ein Lichtblick: Als zaghaften Schritt in die Normalität wurde in Österreich die Quarantäne nach einem positiven Testergebnis mit 01.08.2022 abgeschafft und durch Verkehrsbeschränkungen ersetzt. Das ist auch gut so, denn nicht nur das Virus bzw. die Erkrankung, sondern alleine die Vorstellung, in Quarantäne zu müssen, machte vielen Menschen Angst. In Quarantäne geht man allerdings nur in anderen Ländern, in Österreich wurde man „behördlich abgesondert": Alleine diese seelenlose Ausdrucksweise und das Gefühl, den Mühlen der Bürokratie fortan hilflos ausgeliefert zu sein, kann einen sensiblen Menschen schon krank machen. Dass die hausärztliche Betreuung von Coronapatienten wie oben erwähnt schwierig ist, macht es nicht besser, und wer sich dann noch über die banalsten Alltagsdinge Gedanken machen muss (einkaufen, Tierversorgung …) gerät schnell psychisch „außer Puste". Diese unnötige Aufregung raubt dem Körper wertvolle Kraft, die er besser zur schnellen Genesung einsetzen könnte.

Ob die nun geltenden Verkehrsbeschränkungen notwendig und vor allem sinnvoll sind, bleibt allerdings dahingestellt. Werden sich tatsächlich alle positiv Getesteten durch das Tragen einer FFP2-Maske outen? Und was ist mit den Menschen, die bisher aus Vorsicht im Supermarkt oder bei anderen Gelegenheiten Maske getragen haben – werden sie sie weiter aufsetzen, wenn sie Gefahr laufen, als potentiell gefährlich wahrgenommen zu werden? Meine persönliche Erfahrung lässt eher das Gegenteil vermuten: Nach dem ersten August 2022 traf ich im Supermarkt – anders als vorher – äußerst selten auf Maskenträger. Das lässt erahnen, dass sich diese Maßnahme in die lange Reihe derjenigen einreihen könnte, die mehr schaden als nützen.

In anderen Ländern wie etwa Spanien oder der Schweiz hat man sich schon im Frühjahr 2022 entschlossen, das SARS-CoV-2-Virus zukünftig wie die Grippe zu behandeln. Es gibt keine Melde-, Test- oder Quarantänepflicht, wer sich krank fühlt, bleibt Zuhause und kuriert sich aus – wie es auch hierzulande bei anderen Infekten üblich ist. Wann wird es auch in Österreich so weit sein? In nächster Zeit sicher noch nicht, denn es wurde schon im Sommer fleißig an Strategien für Herbst/Winter 2022/23 und die Zeit danach gebastelt. Im Arbeitspapier der „Covid 19 Future Operations" stellt eine interdisziplinäre Expertenkommission diverse Zukunftsszenarien in Bezug auf Covid-19 vor. Es werden vier Szenarien beschrieben, wie sich die Pandemie weiter entwickeln könnte: Im Idealfall läuft die Pandemie aus, im „Worst Case" nimmt sie mit gefährlicheren Varianten noch einmal Fahrt auf. Je nach

Szenarium müssen keine, wenige oder strenge Maßnahmen ergriffen werden.

Die Expertenkommission weist explizit darauf hin, dass es im Umgang mit der Bevölkerung zu einem Umdenken kommen muss:

„Maßnahmen (insbesondere strenge Kontaktbeschränkung, aber auch Maskenpflicht und moralisierende mediale Berichterstattung) führen zu einer Dauerstresssituation, haben teils unerwünschte psychosoziale und gesundheitliche Nebenwirkungen für Einzelne, und können verstärkte Polarisierung in der Gesellschaft zur Folge haben." (...)

„Nach zwei Jahren Pandemie, Sorge und Unsicherheit befinden sich viele Menschen in Österreich in einem emotionalen und psychischen Erschöpfungszustand (und die aktuelle Kriegssituation erschwert dies fraglos nochmals deutlich). Auch wenn dies sicher nicht für alle Personen in gleichem Umfang zutrifft, ist doch die Wahrscheinlichkeit im Sinken begriffen, dass die Menschen im Herbst Pandemiebekämpfungsmaßnahmen mittragen bzw. für inkohärentes Verhalten der politischen EntscheidungsträgerInnen Verständnis aufbringen werden (Stichwort "Fahren auf Sicht" wird nicht mehr akzeptiert). Anhaltende Unsicherheitsszenarien führen dazu, dass die Toleranz der Bevölkerung gegenüber unspezifischer bzw. inkohärenter Kommunikation sinkt."[28]

Die Experten haben das Problem also durchaus erkannt, ein umfassendes Umdenken konnte damit aber leider nicht erreicht werden: Stattdessen wird im Oktober 2022 von einigen Politikern, Medien und Wissenschaftlern vehement die Wiedereinführung der Maskenpflicht in vielen Bereichen gefordert. Dass sich der amtierende Gesundheitsminister diesen Forderungen nicht beugt und stattdessen auf Eigenverantwortung baut, ist ein zarter Hoffnungsschimmer.

Corona und die Kinder

Paradoxerweise sind von der Pandemie diejenigen am meisten betroffen, denen das Virus am wenigsten anhaben kann, nämlich die Kinder. Hier alle unsinnigen Maßnahmen und deren Auswirkungen auf Kinder und Jugendliche auszuführen, würde den Rahmen sprengen. Fakt ist, dass Kinder und Jugendliche in den allermeisten Fällen eine leichte oder sogar asymptomatische Infektion durchmachen. Bei gesunden Kindern und Jugendlichen sind schwere Verläufe, die eine stationäre Aufnahme erfordern, sehr selten: Lt. einem Bericht der Österreichischen Gesellschaft für Kinder- und Jugendheilkunde waren im Zeitraum 01.03.2020 bis 31.08.2021 lediglich 2,4 % (1.328) aller stationären Fälle Kinder und Jugendliche im Alter von 0 bis 19 Jahren, bei 37,8 % (502) davon stellte die SARS-CoV-2-Infektion nur eine Nebendiagnose dar.[29]

PIMS (Pediatric Inflammatory Multisystem Syndrome) als Folgeerkrankung einer SARS-CoV-2-Infektion ist selten und gut behandelbar, auch Long Covid kommt bei Kindern und Jugendlichen seltener vor als bei Erwachsenen und ist zudem nicht sicher von „Long Pandemic" abgrenzbar: Auch Kinder, die keine Infektion durchgemacht haben, leiden derzeit deutlich häufiger unter Angstzuständen, depressiven Verstimmungen, Müdigkeit und Erschöpfung.

Diverse Studien zeigen, dass Kinder keine Pandemietreiber sind und waren. Aus all diesen Gründen hätte man Kinder bei der Pandemiebewältigung so gut wie möglich außen vor lassen und ihnen ein annähernd normales Leben ermöglichen können. Stattdessen wurde ihnen am Anfang der Pandemie nahegelegt, sich von Oma und Opa fernzuhalten, damit diese „kein Stern am Himmel" werden. Sie wurden ins Homeschooling verbannt, von ihren Freunden ferngehalten, mit Masken- und Abstandspflicht gequält und zum Impfen genötigt.

Die Folgen der Maßnahmen sind für Kinder und Jugendliche weit gravierender als die einer Infektion mit dem Virus: Zahlreiche Untersuchungen[30] zeigen während der Pandemie eine signifikante Zunahme an Depressionen, Angstzuständen, Essstörungen und Suizidgedanken. Plätze in ambulanten oder stationären Einrichtungen speziell für Kinder sind rar, eine Triage in der Kinder- und Jugendpsychiatrie längst Realität. Was das langfristig für die „Generation Corona" bedeutet, ist noch lange nicht absehbar.

Corona und die Spaltung der Gesellschaft

Als ob die Angst vor dem Virus und die einschränkenden Maßnahmen die Menschen noch nicht genug belasten würden, kommt auch noch eine soziale Komponente hinzu: Schon seit Anfang der Pandemie wurden nahezu alle Menschen, die Maßnahmen und Kommunikation der Regierung kritisch hinterfragten, als „Coronaleugner", „Verharmloser", „Verschwörungstheoretiker" und „Schwurbler" abgetan. Und nicht nur das: Folgte man nicht der Regierungslinie, fand man sich schnell im rechten Eck wieder, selbst wenn man mit den Ideologien der blauen Oppositionspartei so gar nichts am Hut hatte.

Im Laufe des Jahres 2022 kristallisiert sich allerdings langsam heraus, dass eventuell doch nicht alles so falsch war: Immer mehr Menschen wird bewusst, dass von Politik und Medien gezielt Panik verbreitet wird, viele Maßnahmen weder zielgerichtet noch nachvollziehbar sind (und waren) und die von regierungsnahen Medien verbreiteten Nachrichten zwar durchaus der Wahrheit entsprechen, im Sinne der „Message Control" aber sorgfältig selektiert werden. Hätte man das in den ersten Monaten der Pandemie laut ausgesprochen, wäre man als unsozial, leichtsinnig oder gemeingefährdend geächtet worden.

Und das war erst der Anfang: Mit Beginn der Impfungen, des grünen Passes und spätestens mit der Einführung von 2G wurden Ungeimpfte zu Menschen zweiter Klasse – ungeachtet dessen, dass sich diese oft vorsichtiger verhielten als Geimpfte, und (wie man auch damals schon wusste) kein größeres Infektionsrisiko von ihnen ausging als von selbigen.

Was aber passiert mit Menschen, die diskriminiert und ausgegrenzt werden, weil sie sich – meist aus guten Gründen – dem staatlichen Diktat nicht beugen wollen?
„Diskriminierung und Stigmatisierung fördern psychische Erkrankungen auf vielfältige Weise" lautet die Überschrift eines Artikels von „Neurologen und Psychiater im Netz" vom 09.12.2020.[31] „Diskriminierungserfahrungen zeichnen sich neben ihrer Vielgestaltigkeit oft auch durch ihre Permanenz und Widersprüchlichkeit aus, wodurch sich erhebliche Belastungen ergeben. Besonders schwer wiegen diskriminierende oder stigmatisierende Verletzungen und Kränkungen, wenn gleichzeitig keine soziale Unterstützung und kein soziales Korrektiv vorhanden ist, das sich gegen diese Ungerechtigkeit wendet."

Diese Zeilen wurden lange vor Beginn der Impfdiskussion in einem ganz anderen Zusammenhang geschrieben, geben die Problematik aber recht gut wieder. Nicht nur Ungeimpfte, auch maßnahmenkritische Geimpfte hatten monatelang das Gefühl, permanent gegen Wände zu laufen. Wie viel Kraft das über längere Zeit kostet, kann man mit etwas Empathie vielleicht erahnen. So ist es kein Wunder, dass sich viele Menschen in den letzten Monaten sehr in sich zurückgezogen haben, den Kontakt zu anderen meiden und sich darauf konzentrieren, so gut es geht ihren

Alltag zu bewältigen. Was aus virologischer Sicht durchaus begrüßenswert ist, kann aus sozialer Sicht zum Problem werden: Besonders dann, wenn darunter auch viele vormals sehr engagierte Menschen sind, denen inzwischen Motivation und Energie fehlen, sich weiterhin beruflich oder ehrenamtlich mit Hingabe für eine Sache einzusetzen.

Im Juli 2021 veröffentlichten 16 deutsche und österreichische WissenschaftlerInnen unterschiedlichster Fachrichtungen unter dem Hashtag #coronaaussoehnung den Text „COVID-19 ins Verhältnis setzen: Alternativen zu Lockdown und Laufenlassen"[32]. Die Autoren und Autorinnen fordern darin eine Versachlichung der Debatte rund um COVID-19, einen wertschätzenden Gedankenaustausch zwischen Maßnahmenbefürwortern und -kritikern sowie nicht zuletzt eine verhältnismäßige Betrachtung von Gefahren durch und Bekämpfung von SARS-CoV-2. Als Empfehlungen sprechen sie unter anderem die Rückkehr zur Eigenverantwortung statt Zwangsmaßnahmen, sachliche, ganzheitliche Information statt Kriegsrhetorik, Stärkung der Gesundheitskompetenz der Menschen statt Entmündigung und Bevormundung und den gezielten Schutz von Risikogruppen aus.

Liest man diese 68 Seiten, bekommt man eine Ahnung, wie anders Pandemiemanagement ablaufen könnte — hätten sich die verantwortlichen Kreise in den letzten zweieinhalb Jahren nicht völlig in das Narrativ vom Killervirus und dadurch angeblich unbedingt und langanhaltend notwendige Zwangs- und Kontrollmaßnahmen verrannt. Das Vertrauen der Menschen wurde durch fehlende Sinnhaftigkeit, eine undurchsichtige Hüh- und Hott-Politik, zahlreiche Kommunikationspatzer und eine Reihe von Affären rund um Impfstoffe, Masken und Tests verspielt und wird schwer wiederherzustellen sein. Auch die Spaltung der Gesellschaft ist nicht so leicht rückgängig zu machen – zu tief sitzt die Angst in den einen, die Wut in den anderen Köpfen. Was das für unsere Gesellschaft, unsere psychische Gesundheit und vor allem für die unserer Kinder bedeutet, wird sich erst in den nächsten Jahren in aller Deutlichkeit zeigen.

Im Jahr 2022 haben wir die Pandemie und ihre Folgen noch nicht annähernd bewältigt und stehen schon vor neuen Herausforderungen: Der Ukraine-Krieg, die daraus resultierende Wirtschaftskrise, der Klimawandel und anhaltende Integrationsbewegungen werden uns in den nächsten Jahren viel Kraft kosten. Für die Bewältigung dieser Aufgaben bräuchten wir ein hohes Maß an Resilienz (seelische Widerstandskraft), die bei vielen Menschen derzeit kaum noch vorhanden ist. Es wäre höchste Zeit, unsere Ressourcen aufzufüllen und als Gesellschaft solidarisch zusammenzustehen. Anstatt uns darin zu unterstützen, verweisen Entscheidungsträger und Medien pausenlos auf im Herbst und Winter kommende Wellen und die mit hoher Wahrscheinlichkeit damit einhergehenden „notwendigen" Maßnahmen. Wen wundert es da, dass sich ein Großteil der Menschen in unserem Land depressiv, ausgelaugt und demotiviert fühlt?

Corona und der Burnout

„Worry-Burnout ist real" (der „Sorgen-Burnout" ist real) lautet der Titel eines Berichts in der New York Times am 16.12.2021[33] – was viele von uns in den letzten Monaten am eigenen Leib verspüren, hat damit einen Namen bekommen.

Jeder Mensch hat seine individuelle Belastungsgrenze: Insbesondere bei sensiblen und ohnehin schon zu Ängsten neigenden Menschen kann ein lange anhaltender Angst- und Stresszustand in einen Zustand der permanenten körperlichen und emotionalen Erschöpfung übergehen. In den Symptomen unterscheidet sich der „Worry-Burnout" kaum vom „klassischen" Burnout: Während dieser aber in der Regel durch eine berufliche oder im privaten Bereich liegende Überforderung entsteht, liegen die Ursachen des „Sorgen-Burnouts" außerhalb des eigenen Verantwortungsbereiches: Da ist zum einen die permanente Angst, sich mit dem Virus zu infizieren, zum anderen aber auch die Angst vor immer neuen und scheinbar willkürlich angeordneten Maßnahmen, die das eigene Leben mehr oder weniger stark einschränken und denen man hilflos ausgeliefert ist. Neben chronischer Müdigkeit können emotionale Betäubung, Hoffnungslosigkeit, Motivationsverlust, steigende Gereiztheit, Wut und Zynismus, aber auch Resignation Anzeichen eines „Corona-Burnouts" sein.

Als der Begriff des „Worry-Burnout" im Dezember 2021 von der US-amerikanischen Psychologin Thea Gallagher definiert wurde, war man hierzulande weniger um die psychische Gesundheit der Menschen besorgt: Vielmehr fürchteten Wissenschaftler und Entscheidungsträger, dass die Menschen aufgrund wachsender Pandemiemüdigkeit das Virus als gegeben hinnehmen und die geltenden Vorsichtsmaßnahmen nicht mehr einhalten würden. Was in den ersten Monaten der Pandemie leichtsinnig gewesen wäre, sollte mittlerweile wieder der Normalzustand sein: Mit dem Virus so normal wie möglich zu leben, würde uns dem sozialen Ende der Pandemie mit jedem Tag näherbringen. Das ist aber ganz offensichtlich nicht erwünscht, im Gegenteil: Anstatt die Maßnahmen wie in anderen Ländern abzuschaffen und den Menschen nach zweieinhalb langen Jahren endlich den Druck politischer Willkür von den Schultern zu nehmen, werden als Gegenmaßnahmen zum Corona-Burnout Entspannungstechniken, Selbstfürsorge und Meditation empfohlen – was zur Symptombewältigung vielleicht hilfreich ist, das Problem aber nicht löst.

Den Begriff „Pandemiemüdigkeit" definiert die WHO schon im Oktober 2020 als „eine natürliche und zu erwartende Reaktion auf anhaltende, unbewältigte Widrigkeiten im Leben der Menschen. Sie äußert sich in Form einer fehlenden Motivation, schützende Verhaltensweisen zu befolgen und sich entsprechend zu informieren, sowie durch ein Gefühl von Bequemlichkeit, Distanzierung und Hoffnungslosigkeit." (Quelle: Wikipedia)

In der Publikation „Pandemic fatigue – Reinvigorating the public to prevent COVID-19"[34] schlägt die WHO

Regierungen vier Schlüsselstrategien vor, um die öffentliche Unterstützung für Schutzmaßnahmen auf lange Sicht aufrechtzuerhalten:

- Menschen sollen verstehen:
  Sammeln und nutzen Sie Evidenz für gezielte, maßgeschneiderte und wirksame Strategien, Interventionen und Kommunikation.

- Menschen als Teil der Lösung beteiligen:
  Finden Sie sinnvolle Wege, Einzelpersonen und Gemeinschaften einzubeziehen.

- Menschen ihr Leben leben lassen, aber das Risiko reduzieren:
  Breit gefächerte Einschränkungen sind möglicherweise nicht für alle auf lange Sicht durchführbar.

- Erkennen und sprechen Sie die tiefgreifenden Auswirkungen an, die die Pandemie auf das Leben der Menschen hat.

2021 weist die WHO erneut auf das Problem der Pandemiemüdigkeit hin:
„Die Daten deuten auch auf ein Ausmaß an Sorgen-Burnout hin, das sich für Gesundheitsdienstleister und Forscher im Falle einer anderen tödlichen Variante oder einer anderen Pandemie als unglaublich schwierig erweisen wird. Es weist auch auf erhöhte Raten von psychischen Gesundheitsproblemen und allgemeine Angstzustände in der Bevölkerung hin, was bedeutet, dass Anbieter von psychischen Gesundheitsdiensten

sich auf einen erheblichen Anstieg der Patientenbelastung einstellen sollten."

Soweit die Theorie. Realität ist im Sommer 2022 in Österreich folgendes:

Evidenz der Maßnahmen: Nicht vorhanden, da sowohl Daten als auch eine sinnvolle Auswertung der wenigen vorhandenen fehlen.

Maßgeschneiderte, sinnvolle und nachvollziehbare Strategien: Weitgehend Fehlanzeige.

Menschen als Teil der Lösung beteiligen: Anfangs ja, inzwischen schon lange nicht mehr.

Menschen ihr Leben leben lassen: Im Sommer zur Bewährung, aber nur mit der permanenten Androhung wiederkehrender Maßnahmen im Herbst/Winter im Nacken.

Erkennen und Ansprechen der Auswirkungen auf den Menschen: Notgedrungen und langsam.

Aufarbeitung und Problemlösung: Nein. Warum auch?

Wie endet eine Pandemie?

Zweieinhalb Jahre Corona und kein Ende in Sicht … Wer im März 2020 noch dachte, die Pandemie und die mit ihr einhergehenden Maßnahmen würden maximal ein paar Monate dauern, wurde inzwischen eines Besseren belehrt. Politiker und Wissenschaftler in Österreich erklären gebetsmühlenartig „Die Pandemie ist noch nicht vorbei", und so lange sie nicht vorbei wäre, müssten Maßnahmen zum Schutz der Bevölkerung getroffen werden.

Allerdings ist längst ist nicht mehr klar, worum es bei den „Schutzmaßnahmen" eigentlich geht: Eine Überlastung des Gesundheitssystems zu verhindern, kann inzwischen nicht mehr das alleinig angestrebte Ziel sein, denn davon sind wir seit den Omikron-Varianten weit entfernt. Wir wissen, dass wir das Virus nicht ausrotten können und mit ihm leben müssen – eine Herdenimmunität wird es nicht geben, daran kann auch die Impfung nichts ändern. Die Anzahl der Infektionen einzudämmen, ist bei hochansteckenden Varianten fast unmöglich und aufgrund der überwiegend mild verlaufenden Erkrankungen auch wenig sinnvoll. Immer noch wichtig ist sicher der Schutz der vulnerabelsten Gruppen – nämlich BewohnerInnen von Alten- und Pflegeheimen sowie Patienten im Krankenhaus –, mit gezielter Fokussierung auf diese Gruppen wäre dies aber wohl auch mit weniger Aufwand gut zu händeln.

Dennoch scheint die gesamte österreichische Bevölkerung in einer Endlosschleife aus Lockerungen und Verschärfungen von Maßnahmen inklusive immer wiederkehrender Masken- und Testpflicht und drohendem indirekten Impfzwang gefangen zu sein. Wie sollen wir da nur wieder herauskommen?

Grundsätzlich gibt es zwei Möglichkeiten, wie eine Pandemie enden kann. Ein medizinisches Ende tritt ein, wenn das Virus von selbst verschwindet, durch Medikamente, Impfungen oder natürliche Immunisierung eingedämmt werden kann oder in eine harmlosere Form mutiert und endemisch wird. Letzteres ist beispielsweise beim Grippevirus der Fall, der jedes Jahr im Herbst und Winter eine Grippewelle mit mehr oder weniger vielen und schweren Erkrankungen hervorruft. Es ist zu erwarten, dass auch das SARS-CoV-2-Virus diesen Weg gehen wird.
Eine Pandemie kann aber auch sozial enden. Dies ist der Fall, wenn die Menschen die Angst vor dem Virus verlieren, Beschränkungen nicht mehr hinnehmen wollen und beschließen, mit dem Virus zu leben und das Restrisiko einer Erkrankung in Kauf zu nehmen. Die meisten Pandemien (wie etwa auch die Spanische Grippe im Jahr 1920) endeten sozial, lange bevor ein medizinisches Ende in Sicht kam.

Ein politisches Ende einer Pandemie gab es bisher noch nie. Allerdings wurde vermutlich auch noch nie eine Pandemie derart politisch vereinnahmt wie die COVID-19-Pandemie: Quarantänemaßnahmen, eine Empfehlung zum Tragen von Masken und Einhalten strengerer Hygienemaßnahmen gab es auch bei der Spanischen Grippe (1918-20), während die Asiatische Grippe

(1957/58), die Hongkong-Grippe (1968-70), die Russische Grippe (1977-78), ebenso wie die „Schweinegrippe"-Pandemie (offiziell H1N1-Pandemie, 2009-10) an der breiten Bevölkerung nahezu spurlos vorbeigingen – ebenso wie die starke Grippewelle im Winter 2016/2017, die alleine in Österreich knapp 4.500 Todesopfer forderte.

Die Politik riet zwar zum Impfen, eine Maskenpflicht oder weitreichende Eingriffe in die Grund- und Freiheitsrechte der Menschen wie Lockdowns, Ausgangsbeschränkungen oder gar eine Impfpflicht gab es jedoch in keinem Fall.

Bei der COVID-19-Pandemie gibt es das alles, und noch viel mehr. Nur eines gibt es nicht: Nämlich eine klare Ansage der Politik, was die Zielsetzung der Maßnahmen sein soll und unter welchen Voraussetzungen die Pandemie für beendet erklärt werden kann. Bisher brachte man das ersehnte Pandemieende immer mit der Durchimpfungsrate in der Bevölkerung in Verbindung: Bei 85 % Durchimpfung sollte es soweit sein. Nun wurden in die Impfstatistik anfangs alle Einmalgeimpften, später alle doppelt Geimpften und noch ein wenig später nur noch alle Dreifachgeimpften als „grundimmunisiert" eingetragen – es ist vermutlich nur eine Frage der Zeit, bis eine Auffrischungsimpfung mehr oder weniger verpflichtend sein wird und auch alle Grundimmunisierten in den Ungeimpften-Status zurückfallen. Da sich mit Sicherheit nicht mehr alle Dreifachgeimpften auch den vierten „Stich" holen werden (wahrscheinlich noch nicht einmal alle zweifach Geimpften den dritten), wird die Impfrate in den nächsten Monaten eher fallen als steigen. So geschehen auch schon in den letzten Monaten:

Gültige Impfzertifikate (inkl. Genesenenzertifikate):

31.01.2022	72,57 %
17.06.2022	62,74 %

Seit dem 23.08.2022 ersetzt eine Genesung keine Impfung mehr, nur 55,82 % der Bevölkerung waren am 17.06.2022 dreimal geimpft – man kann sich ausrechnen, wie sich das in den nächsten Monaten auf die Impfrate auswirken wird.

Der österreichische „Pandemieende-Rechner"[35] ist auch entsprechend pessimistisch und wirft den 28.09.2054 als letzten Tag der Pandemie in Österreich aus (Stand 18.06.2022). Wenn die Politik ihre Zielsetzung der 85 %igen Durchimpfung beibehalten möchte, um die Pandemie offiziell zu beenden, wird sie außergewöhnlich gute Argumente brauchen.

Warum Teile von Politik und Wissenschaft in Österreich die Pandemie unbedingt am Leben erhalten möchten, wird wohl noch lange ein Rätsel bleiben. Objektiv gesehen gibt es dazu keinen Grund mehr: Die meisten Erkrankungen verlaufen mild, Impfungen und Medikamente können das Risiko schwerer Verläufe bei gefährdeten Menschen minimieren, zum Schutz der vulnerabelsten Gruppen leisten Masken und Tests gute Dienste. Jeder weiß mittlerweile, wie er sich vor dem Virus schützen kann und sollte auch selbst entscheiden dürfen, ob er eine Infektion riskieren möchte oder nicht. Inzwischen sind sich die meisten Virologen einig, dass eine Infektion nach vorangegangener

Grundimmunisierung sogar wünschenswert ist, um eine stabile und lange Immunität zu erreichen – dem mit Maskenpflicht und anderen Maßnahmen entgegenzuwirken, ist kontraproduktiv und zögert ein Pandemieende immer weiter hinaus.

In der Schweiz endete die „besondere Lage" mit dem 31.03.2022, was auch ein Ende aller Maßnahmen inklusive Melde- und Isolationspflicht bedeutete. SARS-CoV-2 ist seither ein Virus wie jedes andere. Nahezu alle anderen europäischen Länder (außer Deutschland) gingen bereits denselben Weg. Während anderswo die Dashboards längst abgeschaltet wurden, jongliert man in Österreich (ebenso wie in Deutschland) noch immer mit Neuinfektionen und daraus resultierenden Inzidenzen, die längst keinen Bezug zur Realität mehr haben. Warum nur müssen wir uns weiterhin vor dem Virus fürchten, während der Rest Europas längst gelernt hat, mit ihm zu leben?

Schlusswort

Eine Pandemie verursacht unweigerlich Schäden, selbst wenn Verantwortliche alles richtig machen würden. Zudem ist am Anfang einer Pandemie nicht unbedingt absehbar, was richtig oder falsch, zu viel oder zu wenig ist. Dass man vieles hätte besser machen können, ist rückblickend leicht zu sagen und vermutlich auch manchem Entscheidungsträger klar. Es wurde an allen Ecken und Enden unnötig viel Porzellan zerschlagen, das kaum mehr zu kitten sein wird – das ist nicht mehr zu ändern, damit werden wir leben müssen. Damit dieselben Fehler nicht immer wieder gemacht werden, müsste diese Pandemie und der Umgang mit ihr genauestens aufgearbeitet werden – dabei sollte es nicht um Schuld oder Rechthaben gehen, sondern darum, aus Erfahrungen (guten und schlechten) zu lernen und es das nächste Mal besser zu machen. Denn die Frage ist nicht, ob wieder eine Pandemie kommen wird, sondern wann die nächste Pandemie kommen wird – ganz zu schweigen von den anderen Krisen, die bereits vor der Tür Schlange stehen.

Ein guter Ansatz wäre, in Zukunft beim Setzen notwendiger Maßnahmen zur Bewältigung einer Krise die Menschen von Anfang an mitzunehmen, anstatt permanent über sie hinweg zu entscheiden. Politik, Medien und Wissenschaft sollten offen kommunizieren, nachvollziehbar argumentieren und glaubwürdig handeln – vor allem aber müssen auch Menschen angehört und ernstgenommen werden, die eine andere Meinung vertreten als die willkürlich als „politisch korrekt" definierte.

Fachliche Kompetenz der Entscheidungsträger reicht
da nicht aus, ebenso wichtig sind Empathie, Fingerspit-
zengefühl und die Fähigkeit, neben den Details auch
das Ganze im Blick zu behalten. Dass Selbstinszenie-
rung und politische Ränkespiele nicht im Interesse der
Menschen und daher in der Krisenbewältigung ganz
und gar fehl am Platz sind, sollte sich eigentlich von
selbst verstehen.

Vermutlich wird ein solches Umdenken vor allem in
der Politik ein Wunschtraum bleiben – wie überall im
Leben stirbt aber auch hier die Hoffnung zuletzt...

[1]

https://www.parlament.gv.at/PAKT/PR/JAHR_2022/PK0131/index.
shtml

[2] https://tropeninstitut.de/aktuelle-

krankheitsmeldungen/31.12.2021-welt-omikron#gruende

[3] www.gesundheit.gv.at/aktuelles/corona-suchtmittelkonsum

[4] https://www.dak.de/dak/gesundheit/dak-studie-gaming-social-
media-und-corona-2295548.html#/

[5]

https://www.ots.at/presseaussendung/OTS_20210331_OTS0119/
anschober-morgen-beginnt-die-dringend-notwendige-osterruhe

[6] https://www.medinlive.at/wissenschaft/omikron-entdeckerin-

ich-sollte-nicht-ueber-milderen-verlauf-sprechen

[7] https://www.mecfs.de/was-ist-me-cfs/

[8]

https://www.uke.de/allgemein/presse/pressemitteilungen/details
eite_115521.html

[9] https://www.aerzteblatt.de/nachrichten/135389/COVID-19-und-
Influenza-erhoehen-Risiko-fuer-neurodegenerative-Erkrankungen-
mit-einer-Ausnahme

[10] https://dgn.org/neuronews/journal_club/long-covid-bei-infektion-durch-omikron-variante-offenbar-seltener/

[11] https://www.aerzteblatt.de/nachrichten/134043/Long-COVID-Wahrscheinlichkeit-unter-2-fach-und-3-fach-Geimpften

[12] https://www.ncbi.nlm.nih.gov/pmc/articles/PMC9023036/

[13] https://www.parlament.gv.at/PAKT/JMAB/

14
https://www.medrxiv.org/content/10.1101/2022.07.06.22277306v1

[15] https://www.science.org/doi/10.1126/sciimmunol.abn8014

[16] https://pubmed.ncbi.nlm.nih.gov/35613036/

17
https://www.basg.gv.at/fileadmin/redakteure/05_KonsumentInnen/Impfstoffe/Bericht_BASG_Nebenwirkungsmeldungen_27.12.2020-11.02.22_BTVI.pdf

[18] https://www.medinside.ch/de/post/covid-vakzine-nebenwirkungen-und-mehr-ein-update

[19] Forum Nebenwirkungen der Covid-Impfungen – Berichte von Betroffenen: Impfstoff, Nebenwirkungen und Verlauf: https://nebenwirkungen-covid-impfung.org/community/

20

https://www.medrxiv.org/content/10.1101/2021.05.03.21256520 v1.full

[21]https://www.biorxiv.org/content/10.1101/2020.12.12.422516v 1

[22]   https://www.mdr.de/wissen/coronavirus-kann-menschliche-dna-veraendern-100.html

[23] https://www.sciencemediacenter.de/alle-angebote/rapid-

reaction/details/news/einfluss-wiederholter-booster-impfungen-

auf-das-immunsystem/

24

https://www.newsd.admin.ch/newsd/message/attachments/711 94.pdf

[25]   https://www.aerzteblatt.de/nachrichten/132414/Pro-und-Contra-Das-Tragen-einer-FFP2-Maske-ist-nur-sinnvoll-fuer-den-professionellen-Bereich

[26] https://www.psycharchives.org/en/item/128fbeac-00e0-44bd-840e-e390594cd8de

[27] https://www.kleinezeitung.at/politik/innenpolitik/6099643/26-

Milliarden-Euro_Das-grosse-Geschaeft-mit-den-GratisCoronatests
28

https://futureoperations.at › k_future_operations

[29] https://www.paediatrie.at/images/Covid19/oegkj-goeg-bericht-03_20-bis-08_21.pdf

[30] https://www.tirol-kliniken.at/data.cfm?vpath=ma-wartbare-inhalte/psychologie-in-oesterreich

[31]https://www.neurologen-und-psychiater-im-netz.org/neurologie/ratgeber-archiv/artikel/diskriminierung-und-stigmatisierung-foerdern-psychische-erkrankungen-auf-vielfaeltige-weise

[32]https://coronaaussoehnung.org/wp-con-tent/uploads/2021/07/Corona_ins_Verhaeltnis_setzen_Veroeffen tlichungsversion_7-Juli-2021.pdf

[33]   https://www.nytimes.com/2021/12/16/well/worry-burnout-covid.html

[34]https://apps.who.int/iris/bitstream/handle/10665/335820/WHO-EURO-2020-1160-40906-55390-eng.pdf

[35] www.pandemieende.at